德國幼兒園一日作息&教育觀察表

	9：00～9:30	9:30～10:00
	早餐	晨間律動
*…00，只開放9:30 第二次入園機會。	*超過9:30就不再讓孩子入園。	*9:30入園孩子的早餐時間。
練習自理能力	**練習自理能力**	**練習做小決定**
➔脫鞋襪、衣服、穿室內鞋 *如果孩子需要二十分鐘脫掉鞋子，就給予他所需要的時間。不催促為什麼脫個鞋襪耗時過久，也不輕易代勞幫他們完成。	➔學用餐具吃飯、用水杯喝水、拿水壺倒水…… *德國幼兒園之所以堅守入園時間，最主要的原因是希望孩子能保持規律的生活作息；其次是，不希望干擾其他準時到校孩子的作息。	➔老師會問孩子們今天想唱些什麼歌，或聽什麼手指謠。 *學習做決定是自理能力中的一部分，孩子必須從「小的決定」開始練習，然後累積經驗，去明白每個決定所帶來的結果。

尼克，今天一樣是下午三點來接你嗎？你想要玩到幾點呢？

媽媽，妳等到下午的音樂律動時間結束後再來接我回家好了。

好的，那你好好玩喔！

德國幼兒園的教育大震撼！

（初版書名：德國幼兒園原來這樣教）

英國教育學碩士、15年幼兒園教師經驗（台灣7年+德國8年）
莊琳君——著

野人

這本書令我拿起來便放不下來，我全力推薦它！

——洪蘭（中央大學認知神經科學研究所講座教授暨創所所長）

這是我所看到寫得最好的一本有關幼教的書。作者把幼教的目的、精神和實施的方法，透過一則則的教學實例，讓讀者一目了然，知道怎樣教才能教出有品德、守紀律、不亂發脾氣的孩子。

遊戲是孩子的天職，我們在實驗上看到遊戲和閱讀是使大腦神經連接綿密最好的兩個方法。

遊戲時，它是想像力的發揮，例如書中「無玩具日」，小朋友用一個破紙箱玩得不亦樂乎。想像力是創造力的根本，當神經連接得很密，電流在通過時，容易觸發旁邊本來不相干的神經迴路，出現我們所謂的「觸類旁通、舉一反三」的現象，而它就是創造力。

遊戲可以培養孩子的合群精神和領袖能力。

遊戲時是學習人際關係的好機會，孩子透過遊戲，學習進退應對與別人相處。最近的研究發現，如果小時候沒有與別人一起遊戲的孩子，長大後會變成宅男，只能和電腦玩。因為只有電腦可以任你打罵詛咒，一開機，它又理你了。

二十一世紀是個講究團隊精神的世紀。在職場中，人常常不能選他的同事，而團體中，一定有欺善怕惡、只說不練的人，與這些人相處需要智慧與經驗。書中有兩個很好的例子告訴孩子一開始被霸凌時，就得反擊回去，讓對方知道自己是不好欺負的。父母總是比孩子年長，不可能跟在孩子後面保護他一輩子，孩子要學會如何保護自己，才是正道。

孩子要能體會別人的感覺，才會產生同理心，使霸凌的行為消失，如書中霸占滑梯不讓別人滑和不讓別人進小木屋去玩的事件，都是讓我們反思的例子。同理心要教、要培養，因為從演化上來看，人性是自私的。大自然的生存競爭是很殘酷的，自己多吃一口，就可以多活一天，所以「人不為己，天誅地滅」；但人又必須群居靠眾力，才能生存，離群索居的動物會是別人的晚餐。所以又必須要有利他的精神，如野柳林添禎捨己救人的義行。這自私和利他的平衡要靠教育。每個文化都讚揚兄友弟恭，但它只能發自內心，不能強迫。一旦強迫，就變成偏心。因此「孔融讓梨」是例外，不是常態，因為是例外，才會上歷史課本，讓後人模仿學習。

書中最讓我感動的是德國人對時間的尊重。九點進學校，若是遲到了，九點半還有一次機會，但是九點三十一分門便關起來了，不接受學生了。在書中，有對父母因為這個嚴格規定老師不肯通融，很不爽，講了一句「因為你沒有孩子，所以你不了解」，當場質疑老師的專業。園長知道後，立刻處理，要父母道歉，用行動支持老師。

這個例子讓我看了心有戚戚焉。台灣現在因為校長遴選，家長有投票權，而且很多家長會找民意代表撐腰，所以校長不敢得罪家長。老師為了保住飯碗，只好忍氣吞聲，這是目前老師爆退休潮的一個原因。其實孩子只聽他尊敬的人的話，如果家長不尊敬老師，老師講的話孩子不會聽，教育就失去了功效。

目前台灣守時的情況已比以前好了很多，但是很多次，我去演講時，主辦單位還是會要求我延十分鐘開始，因為還有人未到。我都不願意，因為這樣做就是懲罰準時的人，這樣做，下一次，原本準時的人也就不準時了。

看到德國的幼兒園能這樣堅持原則，就了解德國會強盛的原因。一個國家是否強大，不是他的領土有多廣、人民有多少，而是在於他人民的素質有多高，國民的素養就是決定一個國家強盛最重要的因素。

品德的學習是模仿，是從小耳濡目染形成的。守時的好習慣一定可以做到，只要我們有決心。台灣現在騎機車都戴安全帽了，但是當時有多少人認為在悶熱的台灣夏天，要求騎士戴安全帽是不可能的事，尤其女士剛做好的頭髮會被安全帽壓壞。但只要政府下決心執行，全力取締後，現在已經成為風氣，騎士在跨上機車之前，都會自動把安全帽扣緊，所以事在人為，有決心就辦得到。

這本書令我拿起來便放不下來，是一本非常好的教育兼勵志的書，我全力推薦它。

不一樣的教養、教育觀與政策！值得家長、幼兒園、教育當局深思！

——周淑惠（清華大學幼教系榮譽退休教授）

學幼兒教育的我，深深被這本書的某些教育理念所吸引，也令我省思國內的幼兒教育、父母教養與教育政策現況，故而行文推薦。

首先談到父母教養觀。

台灣的家長在望子女成龍鳳心態下，總是堅持「不要輸在起跑點」的教育觀點，太重視低層次認知的讀寫算技能與拚命填塞的才藝教育，孩子從自小就被揠苗助長。常見孩子揹著沉重的各式才藝書包，馬不停蹄地趕場，被要求在親朋好友面前「炫耀」能背多少詩詞、認多少字、心算多快等，而孩子們個個顯得花容失色、失去孩童應有的光澤。殊不知人生很長如馬拉松賽跑般，雖是「不要輸在起跑點」，更重要的是，不要死在「中點」或「終點」。

不必提深奧的學術研究，其實從生活中亦可明白：**動機是任何學習的引擎**！在馬拉松中，要全程堅持跑完，取決於孩子是否有跑的動機才能持續奔跑。確實，孩子有興趣的事物才會有學習動機與熱情。書中講到德國家長重視孩子的動機，「想做才會做得好，也才能真正對自己負責」，正是印證了這個道理。

能順利跑完人生馬拉松，尚取決於孩子是否全人均衡發展，因為唯有知情意全面均衡發展，才能在困難與心力負荷時，智慧地面對解決與堅持忍耐。本書在第二部分專門論述「優質教育全方位養成之道——創造環境、給孩子練習機會，貫徹『細節成就一切』的鐵血教育」，包括讓孩子練習生活自理、自信、獨立、人際互動、堅持有毅力、思考與解決問題、具責任感與高EQ應對等，涵蓋了全人身心面向，是整個「人」的養成。的確如此，在馬拉松賽程中，除了自己有動機想要跑，而且還要身心健全發展如獨立自信、堅持有毅力、高EQ與解決問題等，才能在人生馬拉松賽程中愉悅地堅持到終點，不會中場退出或累死在終點。

書中所提到的德國幼兒園認為，過早或過度的提早讓孩子學習讀寫，不給孩子充分的玩樂時間，會實質削減對孩子往後一生的學習力。上述所說都是極簡單的道理，然而，多數家長們似乎視而不見或知而不理！我們的家長似乎只重視低層次認知的讀寫算表現，輕忽高層次認知的解決問題能力及情意面向如自信、人際關係與責任感等的培養；甚至變身成所謂的「直升機家長」，太過於保護自己的小孩。舉例而言，當孩子遊戲抓傷、咬人、吵架時，馬上立時介入，甚至認為幼兒園老師或園方處理不當，興師問罪、究責大鬧……其實這樣只會讓孩子失掉練習面對與解決問題或人際關係技巧的機會，失去獨立自主性，養成一堆「媽寶」，而成人也做了最壞的示範。

家長太過於保護孩子不僅是在孩子的人際生活面向，也在於保育照顧方面。擔心孩子感冒生病，下雨天、艷陽天不出門，害怕孩子跌倒受傷，不准攀高甩盪。我記得以前在國外當助理幼教老師時，無論是下雨、下雪，每天早上都會讓孩子出去戶外遊戲至少四十五分鐘，雖然孩子在穿脫雪衣雪靴、擦拭與清理身體花了不少時間，教師還是會堅持，因為戶外探索遊戲與身心靈的釋放對孩子的發展是非常重要的。

書中的德國父母也是一樣，「要先探索自我、了解自己，才能相信自己」，孩子就是在一次次的體能探索如攀爬登高中，了解自己的能力，建立了自信心。我個人也非常贊同日本知名遊戲場專家仙田滿之言，要提供孩子最小的危險，才能讓孩子從體驗危險中，學會如何保護自己，而免於更大的危險。只可惜大多數家長害怕孩子受傷，因此提供太過於保護與安全的環境，或是不讓孩子參加具有潛在危險的活動，殊不知愛之反而害之，讓孩子失掉學習保護自己與從中獲得自信的機會。

其次論及幼兒園的教育與「園家關係」。

台灣近年來少子化現象嚴重，再加上多數幼兒園必須自負盈虧，在資源有限、生存危機環伺下，自然以商業利益掛帥，取悅一般家長、滿足其需求。因此在課程與教學上傾向讀寫算能力的教授，幼兒園淪為小學先修班；在人際生活與保育照顧上過度保護孩子的家長風潮也影響了幼兒園，隨之起舞，一切滿足家長「顧客」需求，以致形成專業流失、親職不彰、錯誤教育、課程沉淪等嚴重現象，亦即「園所、家庭關係」淪為商家與顧客關係，失掉教育上的神聖使命立場，十分可悲！

就此，我非常佩服書中德國幼兒園做法，不管公立或私立，都是實現「孩子的花園」夢想，一切以全體幼兒為福祉，絕不讓步。入學前，家長接受面談，並簽約入學，如違背約定則堅持約上所訂，甚至退學，溫和但堅持。書中提到早上來園時間超過一點點都不允許，規則就是規則，何況是立了約定，就得遵守。這樣的鐵血做法與「園家關係」才是幼兒教育機構應該有的角色，也才能真正力行優質教育。我也很佩服德國忙碌的家長們多能配合園方規定，因為一切都是為了孩子的福祉。

其實幼兒的學習就是在生活中、大自然中與遊戲中學習的，這是學幼教的人都耳熟能詳的，但是在幼教現場真正落實的實在有限，因此對於台灣目前少數能以生活與遊戲中學習為取向的幼兒園，我都特別的欣賞。

我也很嘉許書中提到德國幼兒園的實例，如：兩歲娃兒學搭公車出遊去、每日晨間的戶外探險、無處不在的生命教育、面對可能的校園霸凌化解衝突與捍衛自己、每日儀容整潔也是學習自理的一部分等，這些都是在生活與遊戲中學習的，以兩歲幼兒搭公車為例，對幼兒而言，這是多麼刺激啊！在過程中無論是馬路上、公車上或目的地都有太多的生活事物開闊了孩子的眼界並等著他們學習。**而戶外探索更是非常令人讚嘆的學習情**

境與契機，探索與遊戲界限很難劃分，無論是在大型遊戲組合設施上或是園林樹叢蟲草間，都有太多的事物讓孩子因好奇、驚艷而探究與遊戲，或利用大小地勢空間與物材進行孩子間的扮演遊戲，從中不僅探索了自己、鍛鍊了身體、也探究了各種事物，科學概念因而滋生，人際互動技巧就此增長。面對現階段多數幼兒園有如小學先修班傾向的教學，實在值得我們深思。

最後，值得一提的是，書中的職場初體驗設計。這是一種從小紮根的技職教育，十到十五歲的小孩，就可以開始每年選擇到各行各業見習、實作體驗職場生活，讓孩子有機會了解自己的工作性向。因此到十六歲選校，大部分孩子都已大概清楚未來志向。選擇技職教育者，每星期在校上兩天理論課，其餘時間則在業界實習，公司除嚴格遴選外，也會加以培訓，足以勝任者可以被網羅。而且職校篩選也很嚴格，約只三分之一能順利畢業，所培養的是具有專業實戰能力的人，誠如作者所言，從小紮根的技職教育是德國競爭力的基礎。反而大學學歷在職場並非那麼地受重視，大學畢業生只占總工作人口一八％。這也讓我們回想十幾年之前，台灣職業學校紛紛升格成技術學院，後又升格成科技大學，好像升格成大學才是唯一之道；然而這兩年由於少子化關係，許多大學可能又都要面臨退場命運，這好像是開了一場大玩笑般。其實政策是可以預先好好規劃的，「從小紮根的技職教育」值得教育有關當局關切思考與借鏡。

孩子的每一步學習，都是為了獨立做準備

——江東（社團法人新北市幼兒教保發展協會理事長）

從事幼兒教育約三十年，我從擔任老師到自己開立園所；在教學歷程中試驗蒙特梭利、福祿貝爾等各式教育的精神、分科教材，到擔任園長確立自己園所的定位、教學特色、強化快樂學習等願景。我們沒有選擇標準教科書，希望孩子們從生活經驗中提升自我成長的技能、透過角落教學，讓孩子「擇其所愛，愛其所擇」，因為我們也認同「孩子的每一步學習，都是為了獨立做準備」。

這也是為什麼，當我收到野人出版社來信邀約推薦時，儘管萬分忙碌，仍然決定挪出時間來撰文推薦，原因無他，因為作者莊琳君筆下的「德國幼兒園原來這樣教」，和我經營多年的幼兒園「翔祥」的教學理念竟如出一轍。

作者提到德國老師、爸媽具備以下特質，其實在台灣，也有某些園所的老師與家長也都具備了：

1. 有很強的心臟，遠遠看，放手讓孩子嘗試。我們每年都會在固定時間舉辦戶外採花生、挖地瓜的活動，讓幼幼班（2歲）到大班（5歲）的孩子一起實作，越小的孩子從滾土、挖土、抓雞母蟲、全身髒兮兮，挖採的花生、地瓜幾乎屈指可數，到大班的孩子

已能挖採滿滿一袋滿載而歸，這就是一種學習，一種放手不下指導的學習。

2.有很大的耐心，讓孩子慢慢學會長大，慢慢嘗試並且確認自己的興趣。我們允許孩子有許多興趣，不論音樂、美勞、積木（機械及空間）、閱讀，從進園開始到畢業，孩子終究會從幾年的嘗試裡確認自己的興趣。

3.唯一覺得不能輸在起跑點的是：培養孩子的社交能力。這一點其實就是孩子的EQ人際相處，孩子會透過跟同儕相處，理解個體與全體間的差異、個人與團體間互為尊重的重要，做為教育工作者，當我們看到的是每個孩子個別的特質、尊重每個孩子的差異，那麼就沒有所謂模範生的複製了。

當台灣一片興起效尤芬蘭教育、美式教育、英式教學、德式教學，其實這些國家裡的教育核心都不離「會玩真本事」，我跟作者琳君有很深的體認及共識，我們在意「全人教育」的養成、入園前我們會與家長面試並簽約入學，孩子的權益及福祉絕不讓步；每日晨間全園共讀共學及律動或運動、戶外探險、公園大自然探索；精實有趣的戶外教學（參觀警察派出所、消防隊、採柚子、採花生、挖地瓜），讓孩子學習多重生活經驗；德國的play date是五歲開始讓孩子在別的同學家過夜，我們則會把家長跟孩子帶到戶外露營，體驗不同的生活及參與不同家庭的生活方式。

當我們把不再把「玩」只當成「玩」、當我們不再企圖複製「完美」的模範生、當我們不再時時當「直升機父母」，我們就能漸漸地用正向、適度的讚美鼓勵，引導孩子熱情、自信的成長，培養出健康、快樂、有自信的孩子。

心寬，路更寬

——江蘭芬 Fenny Chiang
（道生教育機構幼教處前處長
普利斯堡美語學校、格登美語學校校長
現任遊戲英語劇團顧問）

一個正氣感、熱忱十足、留學英國的教育碩士，在英語補習班裡有過幾年的國小英語教學經驗的年輕女孩，是Kate給我的第一印象，在面試、試教後從我國小部的兼職英語教師開始結緣。我們對孩子有同樣的愛，對教育有同樣地熱誠，希望台灣的孩子在繁重的課業之下可以開心地學習英文；分享討論教學方法還有協助孩子克服學習壓力，是我們最常討論的議題。在國小孩子眼中的Teacher Kate，是個亦師亦友，又愛又怕的好老師！在我心中她是一個願意為孩子成長不斷進修、願意改變自己的教育伙伴，因此很快地就成為我學校的專任教師，進入了幼兒教育的領域。

什麼是教育？從字面上來解釋，「教」是使其變好、「育」是使其長大。孩子是國家未來的主人翁，人們的未來都建構在孩子身上，每一個教育工作者與父母，是否有一樣的認知，要成就一個更棒的自己，願意為孩子更好而不斷學習，甚至改變的自己！

而Kate，就是有這樣信念的一位老師。

剛開始教幼兒園，是她教職生涯很大的挑戰，從她熟知的語文教育，進入全新的幼教八大智能、五大領域的教學及幼兒的心理行為發展，她擴大了自己專業的框架，用心站在孩子的角度來觀察孩子的需求，也看到了自己的不足，進而不斷的進修與調整自己，設計出符合幼兒的教案與活動。

台灣目前的教育正處在很矛盾的階段。傳統東方教育玉不琢不成器、打罵教育、菁英教育，在這個世代已被打破，我們受到西方教育的薰陶，開始朝向尊重人權、重視孩子個別發展與多元學習發展，但卻忽略了西方教育很重要的精神——「獨立與承擔」。

教育的終極目標為何？不就是希望孩子成年後能獨立生活！

但現在的家長尊重孩子、順服孩子，孩子遇到困難或挫折、犯了錯誤，家長就出面擺平、承擔，認為那是父母對孩子的愛，殊不知當我們剝奪了孩子練習的機會與承擔解決事情的空間，孩子們就無法在每一個事件中檢討修正，進而學習成長。孩子的茁壯不就是在一次又次的經驗中學習？過程中需要的是我們的陪伴跟支持，而不是取代他們去做。

深知這些偏頗發展的Kate，在教育孩子的過程中，總是耐心地引導，溫和而堅持地引領孩子做每一件他該做的事，溫暖地鼓勵遇到挫折的孩子，陪同孩子一起找到解決問題的方法。

這樣一個優秀的老師，因為一份異國姻緣遠嫁德國，所有的家長、學生、同事雖不捨，但都給予她滿滿的祝福。對孩子的愛不因為時空有異，帶著這份熱忱，在漢堡延續她的教學生涯。記得她剛到德國時，問我：「怎麼辦？老師不可以要求孩子做學習活動，要怎麼教？」我告訴她，孩子不用妳教，只要陪，在陪伴的過程中，妳們的互動就是最棒的學習了！

果然，在她真誠地調整心態後，很快地獲得老闆、學生、家長的賞識！幾度放掉了她會、她習慣的方式，站在對方的立場，用不同的角度看事情，用包容融合的態度生活，成就了更好的自己，又進化成更棒的老師。

台灣的教育，太多的對立，太少的融合，各個學派各有各的支持者，互相批評，甚至有幼兒學英文會影響母語學習的論述，也有些幼兒園只強調美語，掛名幼兒園，說穿了只是語文補習班。大家只做自己會的，如此壁壘分明實非教育之福。為人父母與教育工作者要能認知，為了孩子要能勇敢接受新的思維，面對自己的不足，接受與改變自己，讓自己變得更有競爭力，那麼就是最好的身教了！

透過Kate切身的經驗與分享，讓我們看到不同的思維與教育模式。神遊德國的幼兒園後，不知道大家是否會和我一樣閉起眼睛，露出淺淺的一抹微笑，感受到德國孩子的幸福及德國幼教受到的尊重。瞬間卻又心疼台灣的孩子，憂心起台灣的教育與競爭力。

二十年來的教育經營管理，我們有許多如Kate般熱情、熱血的教師，但我們的體制有太多的窠臼及個人主觀的價值，限制學校、限制老師，也圈住了孩子！這樣的專業無法得到家長的信任與支持。再加上幼教市場百家爭鳴，在缺乏中心思想與教育家長的環境中，市場性凌駕於教育的本質，有幼兒園因為生存而順應家長，把對幼教專業與老師的尊重妥協了，導致幼教菁英離開職場，社會菁英不願意投入基礎教育，這將會是社會很大的隱憂。

孩子需要什麼？教育該教些什麼？

看著孩子，他會告訴我們。在孩子眼神中尋找到改變的內涵與力量。

我想Kate找到了她的使命與寫作的能量，希望藉由這本書所傳達的理念，能讓教育工作者找回當年的初心與信念，也影響父母重新省視教育的本質，你我生命因孩子而豐富、圓滿成熟，高質量的教育環境仍需耕耘！

「打開我們的心，讓孩子的路更寬！」

回應生命發展需求的德國幼兒教育方式

——羅寶鴻（20年經驗、AMI國際蒙特梭利協會認證翻譯講師）

現今社會充斥著各種不同教育方式，在這資訊爆炸的大時代裡，有太多方式可以讓我們隨時得到各種想要的教育資訊。然而，很多時候在父母只擷取到名教育家幾句名言、在對各教育門派一知半解下，想要落實這些偉大教育家的方法，不但得不到預期效果，反而還產生更多混亂，繼而懷疑自己的孩子，也懷疑這些教育家的方法。

有幸，作者在此書中完整地闡述德國對幼兒的教育方式，分享了許多真實例子，配合深入淺出的理論說明，讓讀者不但知其所以，更知其所以然，能有效地依循這些理論與做法，幫助幼兒教育做得更成功。

透過作者對德國幼兒園教育的描述，我們也得以檢視現今台灣傳統教育與德國教育的差別，讓我們瞭解成人的態度該做什麼調整，才能幫助孩子依循著生命本有的發展藍圖，自我建構出正面、樂觀、有自信、負責任的人格。

孩子在不同發展階段，有著不同的身、心理需求；不管哪個國家出生的孩子，這些內在需求都是一樣的。雖然在不同文化差異上，回應方式會有所不同，但需求本質卻是無二無別。透過閱讀此書，我們可以從中省思作者介紹的原理與方法，能如何應用在台灣的環境與孩子身上。

每個孩子的個性、能力與天賦都不一樣；在學習能力上，有些孩子比較聰慧，有些比較緩慢。甚至有些孩子在幼兒時期就被檢驗出有注意力缺失、過動、或亞斯伯格、妥瑞氏等症狀。

在「齊頭式」的傳統教育之下，當老師都以相同標準來要求所有孩子，如：上課時大家都要坐好不准亂動，老師講話時都要專心聽，指定時間內必須完成老師指定事項……並非所有孩子都能做到這些要求。結果做不到的孩子，在班上逐漸就被老師視為不配合的人物，被貼上「瑕疵品」標籤。而當這些孩子一再無法達到老師標準時，處罰就成為理所當然的教育方式。在不斷地處罰下，這些孩子學習意願也慢慢減少，自信心一天一天的消失殆盡，本有個性也在這種逼迫的環境下逐漸扭曲。

其實，這些孩子最需要的是一個能瞭解他們個別差異的成人，以及能給予個別差異發展空間的教學制度，幫助他們探索自己的能力、發展自己的長處，找回自己信心，讓他們在學習過程上擁有自己的一片天。

個人在教育這條路上，研究蒙特梭利教育已將近二十年。作者在書上的許多理論與方法，例如：尊重孩子個別特質，幫助孩子發展獨立，燃起孩子學習動機，相信孩子內在潛力，耐心等待孩子成長，允許孩子犯錯空間，給予孩子探索自由，讓孩子承擔選擇後果，不輕易幫助孩子解套，捨棄獎勵與處罰方式……等，全都呼應著蒙特梭利教育最重要的核心價值。

十年前，我以這些理論為基礎，創立了一個小學部的美語教室。我把這些理論應用在課程設計裡面，以及老師培訓上。在課堂上我們抱著相信孩子能力、允許孩子探索與犯錯的態度，讓孩子在有紀律的前提下自由活動，完成他們個人、小組與團體的任務。當孩子出現學習問題、行為問題時，我們會根據這些理論來探討孩子行為背後的原因、檢視老師該抱持的態度，以及找到改善問題的方法。

現在我們欣喜地發現，這裡已經成為孩子都能展現真正自己、快樂學習的空間了！許多在國小被老師認為「有問題」的學生，在我們環境裡都沒出現什麼問題，原因是我們這裡成人對孩子的態度、以及教學上的課程規畫，都能回應到不同孩子的發展需求。這些理論說穿了，其實也並非蒙特梭利教育獨有，而是在深入瞭解孩子生命發展後，成人都應當採用來幫助孩子的正確教育方式。如果父母能把這些理論與方法落實在家庭裡，相信對孩子發展會有正向的幫助。

願所有協助孩子生命發展的成人，都能常懷著「苟日新，日日新，又日新」的態度，謙卑地看待孩子，窺探孩子內在更深層的發展祕密，找到更能符合這時代、幫助孩子的教育方式。

若能如是，孩子幸甚，天下幸甚！

借鏡德國幼兒教育，磨練孩子生存與發展能力

——彭菊仙（親子教養作家）

學齡前孩子的感官系統就好似一具智慧型手機，就是需要隨意亂滑一下，隨便東碰西弄地嘗試，才能摸索出它的基本架構與功能。因此，此時期的孩子對自己既新穎又奇妙的感官系統、運動器官以及大腦功能等，絕對是擋不住地躍躍欲試。

孩子會自動自發地依據成長的需求，漸次摸索與生俱來每一種身心功能的運作，然後不斷地自我磨練，直至能駕輕就熟的使用它們。唯有完成這些基本發展，他們才可能順利地進入下一個階段，也就是利用完備的基本能力去學習、擴充更強大的能力，以便順利成功地生存於這個世界。

德國教育最值得師法的概念就是，他們認定孩子在每一個階段都有主要的發展目標。學齡前的發展目標是：讓孩子盡情地探索自我，藉此認知並磨練好基本身心能力，因此他們最需要從日常生活中練就自理能力，穿衣、喝水、吃飯、自己行動等練習，絕對勝過認字、拼字與算術的知識灌注；孩子需要自由自在的「玩」，幼兒看似沒有目標、不具建設性的「玩」，在在都是為了磨練生存與發展所需要的重要能力。

孩子會順著內在的身心需求而自然發展，如此順性發展的孩子未必學得最快最多，但很可能最終學得最好，因為德國教育在每一階段所確立的發展目標，都能為下一階段打下紮實的基礎，而唯有每一階段都能順利的銜接與發展，才能連綴成一個獨立自主的個體！

對國內父母「害怕輸在起跑點」的高度焦慮下，我們非常需要借鏡德國的幼教經驗與視野，這本書篇篇都提供具體的案例，讓我們能清楚看到在每一個情境中，德國老師與德國父母不同於我們的教養思維，以及真正有助於孩子長期發展獨立人格的回應模式。

本書作者莊琳君老師先後經歷了台灣與德國兩方的教養洗禮，深刻的體會與深入的比對，其非常獨特而完備的教學背景，讓本書極具說服力！

從德國幼兒園教育現場，啟發不一樣的教養觀點

——張美蘭（小熊媽，親職作家／兒文工作者）

本書讀起來很能引起共鳴，是因為我在美國時也看過作者提到的教育方式！關於這一點，有一個可能，就是美國是移民國家，有不少德國後裔，而西方教育，多半是要求孩子：**獨立**、**互重**、**靠自己**！這與東方教育，的確是不同的。

東方的父母，為孩子付出更多，而且永遠放心不下，這與傳統上「養兒防老」、「光耀門楣」的思想有關。相反的，西方教育則是比較強調「經驗主義」，例如：不要嘮嘮叨叨要孩子不要做這做那，讓孩子吃一次虧，自然會記得教訓！

此外，我在台大心理系就讀時，讀過不少關於本土心理學研究，所以當本書提到**「德國父母允許孩子冒險、哭鬧、任性、不聽話」**，在東方社會普遍來說，是不可以的，因為儒家思想強調：**人與人之間有分際，長幼更要有序，孩子不可以僭越「上對下的」關係，如此社會才會有秩序**；君君、臣臣、父父、子子，是一種倫常關係；這點不只台灣，放眼日本、韓國、中國，都是一樣。

以這個觀點來看，這是**文化差異與傳統不同**，倒沒有誰比誰優秀的優劣分別。不過

時至今日，我相信大家都可以看到年輕父母管教孩子越來越西化、越開放這點，是不用去德國，也能體會的。

本書提到幾個我個人頗欣賞的德國教育：

1.陪讀與適應模式：入園第一週，家長是允許在孩子身邊陪讀的，之後漸漸減少陪讀時間。關於此點，很幸運我在台灣也有找到類似的幼兒園。老三迷你熊上學，我就陪讀了半個月。孩子的確適應得比較好。希望台灣越來越多幼兒園也能有此模式。

2.「無」玩具日：台灣幼兒園有玩具分享日，德國幼兒園卻有「無玩具日」，讓孩子接觸大自然及生活周遭的東西，發揮想像力！這是很好的做法。

3.Play date 及Sleep over（留宿）：德國家庭很早就會相約孩子一起玩，甚至留宿，這點我在美國也體驗過。相較台灣雖也有Play date的出現，不過幼兒間互相留宿是比較少的；但台灣露營活動的興起，可以彌補此部分的不足。

4.提早職業體驗：德國十至十五歲的孩子，可以到幼兒園做工作體驗，這是很好的做法。不過我家老大念國中後，也有許多職業體驗的機會，我必須說：台灣這一代的教育，的確有些轉變，不讓德國或歐美專美於前了。

本書的紀錄，雖不見得是最具創見的國外教育觀察，但是卻是很好的教育現場比較，作者在台灣與德國都當過幼教老師，相信她詳細的紀錄，能引起許多家長興趣，並且很具啟發性！

目錄

Part 2

助跑！德國優質教育全方位能力養成之道

——創造環境、給孩子練習的機會，貫徹「細節成就一切」的鐵血教育

Part 3

茁壯！會玩才是真本事

——德國幼兒園的日常規矩與作息

Part 4

呵護！孩子眼中的未來，遠比父母想像中的更絢麗多彩

——放手讓孩子長大，父母也別忘了隨之成長！

身為教育工作者的十年自省

在到德國幼兒園任教前，我在台灣的雙語幼兒園任教，前後加總起來約有七年的時間。當時的我，是一位外文系剛畢業的菜鳥老師，為了在最短的時間學會如何帶班授課，努力在不同體系的幼兒園兼課來精進自己的教學技巧，幼幼班到大班都帶過，工作了幾年後覺得無法再有所突破時，也毅然決定去英國深造，攻讀教育研究。

在英國求學期間，受到指導教授George很大的幫助。教育研究所的課程密集而繁重，白天在圖書館找完資料，晚上再回到宿舍挑燈夜戰，是常有的事。從期初到期末，班上因為學科被當掉而失去畢業資格的人越來越多，我也懷疑過自己是否能順利如期完成學業，幸好George每次的心靈喊話，都能讓我重拾對自己的信心。他對我說：「越困難的研究，往往更有價值。不要因為怕失敗而自我設限，教育的最大意義就是探索自己的無限可能，不是嗎？」

我在他身上第一次體會到，一個好老師能給予學生最大的啟發，不會只限於知識傳授，而是願意去相信自己的力量。

後來因為遠嫁德國而離開台灣幼教領域，憑著顯著的教學成效和融洽的師生關係，我一度深信自己沒有愧對所學，稱得上是一位盡責的好老師，一直到我進入德國的幼兒園。

在德國任教三年後，有幾回和台灣的家長，或是自己身邊熟絡的友人聊到台灣和德國兩地教育模式的差異時，常會得到以下幾種回應：

「一直不停的倡導德國幼兒教育多好又能怎麼樣呢？台灣的大環境就不是這麼一回事啊，我們當父母的根本無法改變什麼不是嗎？」

「我也贊成全人幼兒教育，但就算勉強獨排眾議，讓孩子接受了這樣的幼兒園，上了國小進度落後跟不上同學又該怎麼辦？」

不少父母就算認為給孩子一個自由快樂的童年是件正確的事，內心還是陷入了對台灣教育環境的「無可奈何」和擔憂孩子「進度落後別人」的複雜思緒裡。

偶爾我也難免會被旁人標籤為「外國的月亮比較圓」的鼓吹者，認為我似乎過度放大德國幼教的優點，然後一面倒地否定台灣主流的幼兒教育，很少人能明白，從台灣到德國任教的我這幾年所面臨的思想衝擊。**一路從觀察、溝通、思考到自省，將兩地經驗相對照之下汲取的體會，對自己而言，是遲來卻十足寶貴的一堂課。**

「學生課堂打瞌睡，多半是老師教得太無聊」一向是我在台灣任教時抱持的想法。因為對工作態度的堅持，所以無法容忍自己馬虎草率地上完一堂課。我會想很多遊戲、很多方法來鼓勵孩子在最短的時間內能夠學到最多，我想我姑且還算是教學認真的老師吧！很多時候也不會給孩子出回家功課。我覺得孩子在幼兒園已經上了一天的課了，只要提升教學效率，孩子能夠展示出學習成果，那麼寫功課就不是必要的事。然而，給孩子功課出太少這一點，卻不時引來家長反對的聲音，認為孩子在家空閒的時間太多，不知道要幹什麼。

「就不能讓孩子玩一下嗎？」記得我忍不住對向我反映家長意見的校長這樣咕噥著。

我一直認為，有本事的老師應該讓孩子在課堂上盡可能學得快學得多，而不是變相一直增加孩子的回家功課。雖然也想努力替孩子爭取點什麼，但我的認知仍然被禁錮於「學得快等於學得好」的框架裡。而現在的我卻不禁想問問過去的自己，孩子們就算學得又快又多，就足以證明他們學得好嗎？到底以幼兒教育的角度而言，這個「好」的標準在哪裡？如果孩子讀寫流暢，卻沒有解決衝突的能力，那算是學得好嗎？在德國工作後的我時常在思考，多數台灣幼兒園給予孩子們的到底是「教育」抑或是「學科訓練」？

德國幼兒教育裡，絕對是把孩子的身心健康擺在學習成效之前的，教學活動的比重也絕對不能超過孩子的自由玩樂時間。這幾年細心觀察德國孩子每一步的成長之後，我才意識到台灣幼兒園的密集課程不止阻絕了孩子適性發展，對於「玩」（Freispiel）之於學前教育的意義，似乎理解得不夠透徹。

此外，孩子在此一階段不同的心理需求，更是長期輕忽的一部分。孩子每一階段都有不同的學習任務，在孩子本該大量在戶外探索玩樂的年紀，讓他們整日忙著學東學西，回家還得寫功課，課程滿檔到孩子連發呆的自由都被剝奪。如果為了學習過多的智識課程，而讓孩子的童年充滿壓力，甚至影響孩子身心的正常發展，不管成效如何，只怕從任何角度來看，都稱不上是優質的幼兒教育。

就算是在標榜德／英雙語的國際幼兒園，**比起學了多少英文字彙，德國父母更重視孩子玩得開不開心。**從表面上看來，德國幼教老師的工作似乎很輕鬆，既不用寫聯絡本，不教讀寫也就沒有各科目學習成效的壓力，孩子每天自由玩樂，盡情跑跳，吃好心情好就算任務達陣。

如果要說台灣和德國幼教老師最大的差別，就是即便生活自理能力都被視為必要的學習項目，但台灣多半更偏重密集的智識學習，學拼音、學寫字，也學算術，期待孩子能在最短的時間學到最多的項目；德國則注重對孩子整體觀察，從孩子的自理能力建立、班上的交友情況、面對衝突情境的處理能力等等面向，幼教老師每天都會將所觀察到的一切提出來開會討論。

舉例來說，班上倘若有個兩歲孩子改不掉愛咬人的壞習慣，德國幼教老師除了第一時間制止之外，另外還會花時間思考孩子咬人時的狀況、被咬的對象是否有相同點、咬的部位多半在哪……記錄諸如此類的細節。毫無疑問的，咬人這行為不可取，但是德國幼教老師更重視的是能夠試著找出行為背後的原因，而不只是看見錯誤的行為。

現在反省過去在台灣任教的自己，發覺當時看孩子的視野稍嫌片面狹隘；也許孩子各自的喜好和才能我會記得，但是當時的我的確沒有太多的時間與心思去釐清孩子每個行為背後的原因。現在的我，不時得提醒自己要慢下來，多花點時間觀察孩子，去理解他們真正的需求，學習接納每一個孩子不同的成長步調。

會想寫一本關於德國幼兒教育前線側寫的書，出發點是因為一些在台灣的友人都陸續當了新手爸媽，他們常不時詢問我在台灣、德國兩地的幼兒園工作後的心得，也非常好奇德國父母對於幼兒教育抱持著怎麼樣的期待，於是我開始彙整這幾年在德國幼兒園所觀察到的一切。

德國的幼兒教育並不是毫無缺點，但是他們的確在堅持著一種不可撼動的教育信念。原來「以孩子為主體」課程設計不是只存在於教育研究的學理論述中，它在德國的每一個幼兒園都被徹底實踐著。

所以我想，如果能藉由這本書，提供台灣關心幼兒教育的家長或老師另一個角度的教育視野，或許能更清楚的洞察教育體制內外的一些問題，並試圖找出方法來。

改變台灣教育現況不是一件容易的事，我明白。但如果我們只能感到無力，只知道妥協，會有更多孩子無法擺脫這種近乎被軟禁的童年。如果有越多的人為孩子發聲，這期待改變的聲音就能夠被傳達到更遠的地方，它會慢慢凝聚成一股強大的力量去突破瓶頸。期盼有一天台灣的幼兒園不再聚焦在學習成效，教育也能回歸本質。

讓我們，一起抓住那個改變的，可能。

莊琳君

謹以此書獻給我最愛也最愛我的父母，
謝謝你們無私和包容的愛。

Part 1

打底！幫孩子建構內心自畫像

要先探索自我、了解自己，才能相信自己

德國父母都有一顆很強的心臟。

看著孩子爬高爬低，高站在鞦韆上又盪又甩後從高處將自己拋出然後落地，他們總是樂見孩子的勇氣和行動力，放手讓孩子不斷自我挑戰且欣賞孩子的冒險天性，而不是幫孩子立下種種限制去杜絕危險。

建立自信，從認識自己開始

——真正的自信並非來自完美，而是正視自己的優缺點

「華德福幼兒園放學時，
爸媽常常要在樹上找小孩，
這是真的嗎？沒有摔下來過
嗎？」

VS.

「喜歡登高遠望是孩子的天性，
卡爾五歲了，應該要有
自己判斷危險的能力。」

前些日子，跟一個好友聊到近況，剛轉換新工作跑道的她，從字裡行間明顯感受到些許不安。她告訴我說，新公司裡人人是高手，有精通四國語言，沉穩專業掌握大市場動向的八年級男生，有因表現出色，被一路晉升到海外當主管的二十五歲女孩。她說除了她自己，大家似乎都找不出缺點，優秀得令人咋舌，各個智商高，學歷高，顏值也高。

她對我說了一句話「我覺得很多台灣人其實都很沒有自信，我自己就是。」

我聽了非常訝異，因為在同一個朋友圈中，她絕對是從任何角度看來都表現

得十分傑出且活躍的一位。

從海外攻讀企管碩士回台後，她一直在國際知名企業任職；私底下的她善良幽默，人緣超好。她非常熱愛音樂，在自組的樂團裡擔任貝斯手，一年出國自助旅行好幾次，足跡遍布五大洲。在人家印象中，她工作認真也愛冒險，很難跟沒自信劃上等號。

她眼中樣樣不如人的自己，跟我們眼中多才多藝的她，竟然有這麼大的落差，我不禁納悶，那些她口中幾乎找不到弱點有為青年們，是不是也對自己這麼有自信，還是跟她一樣，只看到哈哈鏡裡那個模糊的自己。

成績好、多才多藝，孩子就會有自信嗎？

台灣的孩子在求學過程中，幾乎一步都不敢停，連寒暑假都得忙著寫功課或跑補習班趕進度，一路上我們認識的自己，好像多半跟數字脫不了關係，不論是學校科目成績的高低，或是學校名次的排名，彷彿自我價值也會跟著成績高低而上下浮動，關於自己喜愛什麼，適合什麼，在當時看來似乎是一個沒有必要釐清

德國人認為，**自信是一種內心的平穩力量**，
它能使人在任何時刻都淡定從容，
不因讚美而得意忘形，也不輕易為了他人的詆毀而發怒。

的疑惑。

到了出社會以後，在某一天我們終於豁然明白，自信心與工作頭銜和資產淨值並不那麼相關，關鍵只在於我們是否夠認識自己，並且接納自己的一切。

到底該怎樣來定義「自信」呢？

德國人認為，自信心是一種內心的平穩力量，它能使人在任何時刻都淡定從容，不會因為讚美而得意忘形，也不輕易為了他人的詆毀而發怒，這樣的自信能力絕對是孩子一生重要的無形資產。想培養出自信而非自滿的小孩，他們有自己的一套教育哲學。

擁有自信的孩子，在他面對困難、壓力時，油然而生的是勇氣而不是自我懷疑，即便遭遇挫敗，也能繼續保持相信自己的正面態度。它有如身上的肌肉組織，使人產生力量並持續前進。這是除了愛與信任，孩子從父母身上所能獲得的最珍貴的人生禮物之一。

德國父母
這樣想

沒遇過難題的孩子無法生出自信和勇氣

「我看雜誌上寫著：華德福幼兒園放學時，爸媽常常都要在樹上找小孩，這是真的嗎？」曾經有一位台灣媽媽這樣問我：「有這麼誇張嗎？」

「不只是華德福，就是在一般德國幼兒園，不少家長來接小孩的時候，真的都要到樹上找小孩啊！」我笑著回答：「我們幼兒園有一位五歲的男孩卡爾，一到公園，他簡直就像叢林王子泰山般地冒險犯難。他尤其愛爬大樹，每次卡爾的媽媽來接他，常常四處張望找不到人，最後才發現孩子藏身在高高的大樹上。」

「他沒有摔下來過嗎？」台灣媽媽納悶的問。

「當然有。」我說：「而且不止一次，最糟糕的那次跛了腿，在家靜養兩個星期。」

這位媽媽瞪大了眼，「那之後呢？還敢爬高嗎？家長肯定也不給爬了吧？」

「他還是樂此不疲繼續爬，爬樹技巧也越來越熟練。」我接著說：「這問題我也曾經問過卡爾媽媽，她說喜歡登高遠望是孩子的天性，卡爾五歲了，應該也要有自己判斷危險的能力。」

德國父母都有一顆很強的心臟。

看著孩子爬高爬低，高站在鞦韆上又盪又甩後從高處將自己拋出然後落地，

孩子在屢試屢敗中，不斷挑戰且探索自我能力，
從失敗到成功的經驗，會變成一件一件穿在身上的自信盔甲，
保護孩子遇到困難挫折時能挺過去。

他們總是樂見孩子的勇氣和行動力，放手讓孩子不斷自我挑戰且欣賞孩子的冒險天性，而不是幫孩子設下種種限制去杜絕危險。

德國人認為，當孩子試圖攀爬一棵大樹，這是需要專注力、技巧、勇氣，三者缺一不可的執行下才能完成。孩子如果能力不夠，自然沒辦法一路順利爬上去，在屢試屢敗中，不斷挑戰且探索自我的能力所在，等到爬上樹高呼的那一刻，我們可以想見孩子會有多自豪。像這樣，從失敗到成功的經驗，最後會變成一件一件穿在身上的自信盔甲，保護孩子遇到困難挫折時能挺過去。

「我希望我的孩子在幼兒園裡學到的，是『我可以做到！』而不是『我辦不到！』」這是多數德國父母所抱持的信念。

德國人認為要讓孩子建立自信，就必須適度放手，讓他們多方嘗試，並學習如何自主解決問題，因為唯有如此，孩子才能正確解讀每個行為和結果之間的關聯。如果怕孩子摔，就不讓他練習爬高；孩子間起了爭執，家長便急著幫忙排解……孩子便會習慣依賴父母來替自己解決大小問題，也就剝奪了健壯自己體魄、應變能力的機會。

「我希望我的孩子在幼兒園裡學到的，
是『我可以做到！』而不是『我辦不到！』」

這是多數德國父母所抱持的信念。
他們總是樂見孩子的勇氣和行動力，
放手讓孩子不斷自我挑戰且欣賞孩子的冒險天性，
而不是幫孩子立設下種種限制去杜絕危險。

德國父母精準的讚美態度，教出自信而非自滿的小孩

「蘿拉好棒！
吃一口試試看。」

vs.

「這東西很好吃，
還加了你喜歡吃的起士，
你試試看。」

讚美自己的孩子，對現代父母來說似乎是如呼吸般自然的一件事。不需多說，就算那張小臉掛著兩條鼻涕，父母還是覺得自己的孩子無敵可愛。

要讓孩子有自信，父母的讚美不能少，但常常有一些家長卻忽略了，過度且空洞的讚美，不但讓讚美失去意義，甚至讓孩子習慣於活在他人的讚美裡，膨脹的自滿個性很容易就像一刺就破的氣球，一旦無法獲得讚美，便感到空虛，甚至無法接受批評和承認錯誤。

德國老師這樣做

孩子做得到的事，德國人不過度讚美，只會點頭肯定

德國人對讚美的態度，也如其民族性般嚴謹。

他們認為讚美不應該濫用，也應該避免使用太抽象的句子。讚美孩子時，最好可以具體地點出你認為他們做得好的地方，與其說「好聰明！好厲害！」，可以嘗試更細節的描述「哇！你自己把拼圖完成了！」或是「你會照顧妹妹幫她把鞋子穿好，真是一個好哥哥。」**這樣的讚美方式需要父母的觀察，但孩子可以更清楚地知道自己的行為被讚許的原因。**

另一方面，德國幼教老師認為如果這應該是孩子生活上能力所及、可以輕鬆自理的事，比如說穿鞋、收拾玩具或吃飯，過度以口頭讚美孩子說「飯吃光了，太棒了！」或「你怎麼那麼乖，會把玩具收拾好。」就不是很恰當。像這種情況，大人可以點頭微笑，或是說聲謝謝，予以肯定即可。

有一天在幼兒園吃午餐的時候，我看見班上兩歲的蘿拉根本沒動過叉子一下，副餐的麵包是啃完了，但盤子內的菠菜千層麵原封不動地擺在那。蘿拉本來

當孩子做到能力所及的事，
德國幼教老師不過度口頭讚美。

就是班上挑食的孩子之一，我隨即挑了一小塊麵送到她口中說：「蘿拉好棒！吃一口試試看。」她沒反抗的吃了一口，我接著鼓勵她：「做得好！再自己吃一口。」蘿拉嘗過味道後，可能因為不喜歡菠菜，就不想繼續吃了，於是那天她的午餐只吃了那一口的量。

午餐結束後，幼兒園老師們通常會趁孩子的午休時間，討論一下當天上午的課堂狀況和注意事項。

「凱特，我想討論一下今天午餐時的狀況。」幼兒園裡資深的德國老師艾拉看著我說：「希望妳別介意我有話直說，但是我覺得我們不需要讚美孩子吃不吃飯。」

我愣了一下，發現原來她是指我今天讚美蘿拉吃了那口菠菜麵，「我不懂妳的意思。鼓勵她吃一口，讓她試試味道如何，試了也許她就會喜歡啊！」

艾拉回答：「鼓勵孩子吃一口，這想法本身並沒有錯，但是妳如何表達就有差別了。吃飯應該是孩子可以自行決定的事，我們負責提供營養均衡的午餐，至於孩子吃多少，或是選擇性的只吃哪一樣，這跟孩子本身做不做得好沒有直接關係。針對讚美孩子吃午餐這件事是否適當，我們應該討論。」

沒錯。這就是德國人的精準。

那天中午，大家花了點時間討論這件事。我們同意吃飯應該屬於目前孩子基本生活自理能力的一部分，想鼓勵孩子嘗試新食物，應該可以有更好的說法，例如：「這東西很好吃，還加了你喜歡吃的起士，你試試看。」經過了這次討論，我也學到了讚美不是多就能奏效，它必須被用得適當和明確，才能正確傳達正面訊息給孩子。

想培養孩子的自信，父母不該在每一件小事上強調他們「做得多完美」，應該把讚美的重點放在「努力的過程」而非結果，孩子才會正確解讀父母的鼓勵，真正的感到自己被認同，而不只有在得到讚美時才感到自信。

讚美不是多就能奏效，
用得適當和明確，
才能正確傳達正面訊息給孩子。

尊重孩子個別特質，沒有模範生這道理

——孩子該學會的是珍視自己的價值，而不是符合大人理想標準

學校選出模範生，審核方式以成績品德兼優為標準，是希望其他孩子以模範生為例，見賢思齊加以仿效。

然而模範生的選拔，常常是流於比較形式的讚美，說穿了也只有學業成績優異的同學才有出線的機會，而孩子如果只因為大人眼中狹隘的理想標準而努力，便很難學會去珍視自己的價值。

從德國人的觀點來看，這過程往往會抹殺了每個孩子的獨特性，因為沒有任何一個孩子的天性是樂於當別人眼中的複製品。

學校選拔模範生以
成績品德兼優為標準，
是希望其他孩子
見賢思齊加以仿效。

vs.

從德國人觀點來看，
這會抹殺了孩子的獨特性，
因為沒有任何孩子
會樂於當別人的複製品。

德國父母想讓孩子瞭解的是，每個人都有擅長和不擅長的事。而所謂的天賦，也許是一種能力，也可能是一種人格特質，這跟成績好壞，或從事什麼工作並不相關。這是一個人與生俱來的禮物，人人都有，每個人卻又不一定都能在有限的人生時間裡找到它。

德國父母
這樣想

孩子「想做」才會做得好，也才能真正對自己負責

有一次去參加德國鄰居小孩的生日派對。這位八歲的小壽星叫莉雅，一個好動外向的小女生，每天下課後牽了腳踏車就呼朋引伴的到住家附近的小樹林裡面玩，一付十足孩子王的樣子。派對席間和鄰居媽媽閒聊一陣後，才知道莉雅唸小學後偶爾會抱怨上學很無聊，老師也反映她在課堂上坐不太住。

「妳會擔心莉雅課業落後嗎？」我這樣問。

「還好。」鄰居媽媽笑着說：「我們都相信課堂上的東西不是她學不會，只是沒興趣學。莉雅很清楚自己的喜好，也對自己要求很高，現在她正在學街舞，每天都瘋狂練習地板動作『頭轉』。她非常自豪自己是班上第一個學會這個動作

德國父母想讓孩子瞭解的是，
每個人都有擅長和不擅長的事。
天賦人人都有，跟成績好壞，或從事什麼工作並不相關。

莉雅媽媽說：
「莉雅正在學街舞，每天都瘋狂練習地板動作『頭轉』，
她非常自豪自己是班上第一個學會這個動作的呢！
妳如果看過她練習時受過的傷，
就知道她有多努力想學舞……

「我們不會試圖干涉她自己的決定，
因為事實上我們無法對她未來的人生負責。」

的呢！妳如果看過她練習時受過的傷，就知道她有多努力想學舞。只要她該做的功課寫完了，我不會去干涉孩子的興趣。」

「那如果之後她放棄升學這條路，想成為一個專業舞者呢？」我緊接著問。

「我們絕對尊重。」鄰居媽媽說：「我想德國也不需要那麼多人當大文豪或工程師不是嗎？孩子如果能找到自己擅長的事，代表這是她的天賦，我會替她感到高興，因為不是每個人都能這麼快地找到自己的興趣。當然我們會告訴她，決定不升學的話，將來不免會遭遇一些困難和阻礙，但是難道繼續升學就代表人生從此一路平順嗎？所以我們不會試圖干涉她自己的決定，因為事實上我們無法對她未來的人生負責。」

我發現，德國父母相當重視孩子是否找到自己的興趣，也很少左右孩子學習上的選擇。對他們而言，未來充滿了變數和挑戰，告訴孩子遵循標準路徑或是仿效模範生根本是徒勞無功的一件事。不管學校課業的成績好壞，是否決定繼續升學，讓孩子在人生中找到「想做」的事情才是最重要的，因為唯有「想做」的能量會帶來熱情，引領我們繼續前進。

當孩子沒有被賦予相對的時間**瞭解自己**，
即便達到他人眼中的成功，
仍可能對人生感到茫然，對自我價值感到懷疑。

找到孩子發光發熱的特質，比優秀來得重要

每個孩子都不同。這是從事幼教工作多年的我，深刻體悟到的真理。在很多情況下，孩子的能力是否特別優秀，跟有沒有自信這件事，也根本無法劃上等號。

回想我剛到德國找工作時，幾番面談下來，有一位面試官在決定錄取我後，對我說了一段話。

「我發現妳跟我面談過的亞洲人不太一樣。」他說：「決定錄取妳的原因是因為我幾乎可以確信妳能即刻上手學校裡的一切事務，就算妳不懂，應該也學得很快。」

「不太一樣的地方是……？」我不禁好奇地問。

「坦白說，在我過去的經驗中，亞洲人的履歷都特別長，上面詳載的學經歷豐富得像是在寫人生傳記。單從履歷上來看，他們的工作經驗和學歷和本地德國人相比，也絲毫不遜色，但是最後我決定不錄取的原因通常是，他們在面試當中的表現跟履歷上的描述並不一致，我甚至無法相信是同一個人。」他停了一下，

繼續說：「別誤會，我不是認為他們虛報學經歷。我只是納悶，為什麼當我問他們對工作上有什麼個人想法，或是對任何活動有沒有新的點子的時候，他們常常會突然不知所措的含糊其辭。不管說的內容如何，他們在言談間的表現是相當沒有自信心的，跟履歷上的落差實在太大。」

面試結束後，雖然得到面試官的讚美，卻陷入長長的沉思中。原來對德國人來說，學經歷充其量只像是個人的配件，有加分效果，卻不能充分代表你個人的價值，他們更重視的是個人的思考能力和其展現出來的態度。如果撇開學經歷，一個人便無法自信地呈現自己，這樣自信心的建構就不能算牢靠。

我的確看過不少孩子，成績名列前茅，從來不會畏懼課業上的任何挑戰，卻是一個沒有自信心的人。正因為他們很會讀書，所以毫無懸念的被安排好未來的路，一路上過關斬將，進入全球百大名校，彷彿人生從此就該大放光明。但事實上，他們對自己從事的工作卻不一定抱有熱情，自我實現對他們來說仍是一個大問號。

會有這樣的結果，一部分的原因可能在於學生時期，沒有被賦予相對的時間瞭解自己，所以即便達到他人眼中的成功，卻時常對人生感到茫然，對自我價值

對德國人來說，學經歷只有加分效果，
不能充分代表個人價值，
他們更重視的是**思考能力和態度**。

感到懷疑。

教孩子認識自己，關鍵在於讓孩子擁有多方面嘗試的自由。

孩子們就像一架架等待起飛的小飛機，需要給予夠長夠寬的跑道進行助跑，才能升空遨遊，他們必須有充沛的時間和空間去找尋自己的熱情和天賦。

家長不只需要花時間多傾聽孩子的想法，更重要的是學習尊重孩子的喜好，不管那是多冷門的選擇。

快樂會帶來一切的學習能量
——讓熱情全速點燃孩子的學習動機

珊德拉媽媽說：
「我壓根兒沒想過會給她壓力，只是想幫她複習學過的內容，她會學得更快更有信心！」

VS.

如果孩子因為外在壓力而逃避學習，之後便很難扭轉孩子的學習態度……源源不絕的學習熱情才能引領孩子突破往後所有的課題。

剛進入德國幼兒園工作的初期，我有點困惑，德國學前教育其實不需要太多教案編寫經驗，主題教學也頂多一個星期一次。我於是鼓起勇氣問校長，是不是能在課程設計上多加些學習內容？

她笑著說：「豐富課堂內容是個好點子，但妳要記得，不管學什麼，這個階段沒有比給孩子們正面的快樂能量更重要的事了。」

讓孩子快樂，是德國幼教老師被賦予最重要的責任。孩子能以愉悅的心情度過在幼兒園的每一天，享受不同學習所帶來的樂趣，是幼教老師的第一使命。

德國幼兒教育相信，**孩子有熱愛學習的天性**，
老師只需依其意願引導學習，不需額外的物品獎勵，
因為對孩子來說，學習本身就是最大的犒賞。

在德國幼兒園，幼兒有學習內容上的絕對主導權，每天學什麼玩什麼都憑自己的意願去選擇是否要參與活動。因此，德國幼兒園裡，幾乎是沒有獎勵制度。德國老師不用糖果餅乾來鼓勵孩子學習，也不送貼紙玩具去獎賞孩子的表現。

德國幼兒教育相信，孩子有愛學習的天性，老師只需要依其意願引導學習，不需要任何額外的物品獎勵，因為對孩子來說，學習本身就是最大的犒賞。

反之，如果學習內容本身無法引起孩子有興趣，為了鼓勵孩子參與活動而設計的獎勵制度，到頭來可能只是變相地讓孩子產生「這東西無聊到要用獎品來讓我學習」的心理，等於直接削減孩子的學習動機，反而養成有獎品才願意學的被動態度。孩子就算因為得到犒賞的短暫滿足而積極學習，這樣的學習動機畢竟還是依賴外在因素。學前教育應該努力的方向只有一個——讓孩子能由內心自發地熱愛學習。

德國人相信，快樂的孩子不一定學得最快，但可能是最後學得最好的一個！快樂的孩子對學習會有源源不絕的熱情，相較之下，如果家長對孩子要求太高，常因為孩子的表現好壞而情緒起伏不定，反而容易造成孩子的壓力而無法放鬆和愛好學習。

快樂學習不難，要讓孩子將快樂內化為學習熱情，需要時間和空間

有一學期，幼兒園來了位新生珊德拉，一位三歲的可愛小女孩，爸媽是加拿大人，因為工作的關係搬到德國。在德國漢堡市，外來移民很多，我們幼兒園所有家長的國籍加總起來，應該有超過十種以上不同國家，但這位新生比較特別的是搬來德國之前，在加拿大已就讀過當地的幼兒園一段時間，因此很快便適應了新的團體生活。

珊德拉是個恬靜友善的小女生，也愛好學習新事物，很多字彙她聽過幾次就記得了，但是珊德拉的媽媽似乎有點著急，總覺得我們幼兒園裡的課程安排過於鬆散。

以下的對話發生在珊德拉入園後的第三天。

「請問一下，你們今天的課程計畫是什麼？」珊德拉的媽媽微笑地問我。

「咦？」突然被這樣冷不防的一問，我有點驚訝地說：「適應期的第一個星期，我們都是讓新生自由在園所裡活動，熟悉一下環境，所以時間上的安排都是以自由玩樂為主。」

因獎勵而引發的學習動機畢竟是依賴外在因素，
學前教育應該努力的方向只有一個 ——
讓孩子能**由內心自發地熱愛學習**。

「我想也是，我大概清楚德國幼兒園都不太安排制式課程的，不過珊德拉在加拿大念幼兒園的時候學了好多東西，其實也是邊玩邊學沒有壓力啊，她現在已經會認數字一到二十了，字母也能分辨好幾個，全忘光了有點可惜不是嗎？」珊德拉的媽媽臉上雖然一樣掛著笑容地問我，但還沒等到我回答，她便抓了教具櫃上的益智玩具喃喃說道：「嗯！我還是覺得今天要有一些教學活動。」於是逕自打開益智玩具盒想進行活動。

益智玩具的盒子一拿出來，幾乎大半的孩子馬上就被吸引過來，但他們當然不會懂得照盒子上的遊戲規矩玩，任憑她如何耐心說明規則，幾個孩子抓了一把益智玩具內的東西後，便跑到木製的遊戲廚房裡開始玩扮家家酒，一個一歲半的幼兒也拿了裡面的玩具往嘴裡塞……珊德拉即便剛開始有興趣玩，其他的孩子在一旁玩東玩西的，她也很難專心聽媽媽講解，幾分鐘後就丟下媽媽和益智玩具，加入其他孩子的遊戲中。

眼看效果不如預期，媽媽不免有些沮喪，我於是順勢說道：「這些益智遊戲是給三歲以上的孩子們玩的，為了避免注意力分散，通常我們會分別在不同房間進行活動。**請給珊德拉和我們一點時間，先讓她慢慢摸索自己的興趣吧。**」

「我同意，但是興趣也要有基本知識做支撐才有用。據我瞭解，入園前的家長訪談，你們有提到課程內容很豐富多元，不是有什麼主題教學嗎？」

我察覺到媽媽的期待，於是換個方式說：「我們當然有安排主題教學，只是每當有新生入園，為了確保新生能得到最完整的照顧，這些教學活動會依情況暫停一兩個星期。不過看起來珊德拉適應得非常好，相信不用多久，我們就可以開始進行主題教學了。」接著，我補充了一句：「如果她也覺得有興趣的話。」

聽到我這樣說，她似乎比較釋懷了，當下直說：「會的，她一直都很喜歡參與不同的學習活動。」

我點點頭表示瞭解。等到這位媽媽離開後，我卻因為她頗強勢的態度而感到苦惱。

坦白說，以之前在台北幼兒園多年的教學經驗，要編寫並實行一份內容豐富且學習效率顯著的教案，對我來說不是難事，但我明白這樣緊湊的課程安排徹底違背了在德國「以孩子為主體」的教育理念，我於是在午休時間問問德國同事的意見。

「妳不要想太多。」德國老師這樣斬釘截鐵地回答我的疑惑：「總會有那麼

父母常覺得自己
比孩子更清楚他們的學習興趣。

一兩個父母，覺得自己比孩子更清楚他們的學習興趣。」

「話是沒錯，但要讓孩子快樂的學習這件事其實是做得到的啊。」我提起過去的教學經驗：「只要教學活動設計得好，孩子的學習意願是會提高的。」

德國老師想了一下，認真地對我說：「藉由活動設計讓孩子喜歡參與是一回事，**但能不能實際上在教育中做到啟發孩子個別能力，又是另外一回事。**放手讓孩子摸索並發覺自己的興趣，是為了增強孩子的學習動機，這樣的快樂是單純來自個人求知欲的滿足。換句話說，我們想要賦予孩子的是長時間一點一滴培養的學習熱情，因為這才是學前教育最大的目的。」

經過德國老師這樣的提點，我總算放下了心中的疑慮。

很快地一個月的新生適應期結束，珊德拉的確如媽媽所形容的，是個好學的孩子，每次媽媽來接她的時候，聽到我們描述孩子在不同學習活動上的表現，都感到很開心。她還是會不時詢問我們每月的課程計畫，然後跟其他父母一樣，從張貼在布告欄上的各項活動照片裡尋找自家孩子的身影。

德國老師**這樣做**

過度注重學習成效，只會讓孩子失去學習熱情

後來過了幾個月，我發現珊德拉在參與主題教學活動時，表現得不如以往積極，當老師詢問孩子學習內容上的問題時，她若不知道答案就會顯得有些緊張，當時雖覺得有點奇怪，卻也找不出原因，因為所有的教學活動都是開放式提問，孩子們可以自行選擇要不要回答，所以只覺得自己應該是多慮了。

直到有一天珊德拉媽媽突然不經意地問起我：「你們現在不是正在做顏色的主題教學嗎？我問珊德拉學過的幾個顏色，她還有兩三個顏色都記不住耶！我已經幫她在家裡複習了好幾次，但她還是會忘記。」

聽她這麼一說，似乎不難解釋珊德拉近來學習態度的轉變，我於是直接跟她說明孩子可能對於媽媽的期待感到有些壓力，導致學習活動的表現不如以往積極，希望她能改變一下做法，不要太在乎哪些內容她記住了，哪些又全忘光了，因為那對現階段的她都不重要。所有我們在課堂上所安排的多元內容，只是為了讓孩子在學習上能有所選擇，並擁有不同學習方式帶來的快樂。

課堂上安排的多元學習，
是為了讓孩子能有多種選擇，
擁有不同學習方式帶來的快樂。

「孩子都有熱愛學習的天性，讓他們享受這份快樂很重要。」我看著她說：「如果讓這年紀的孩子因為外在的壓力逃避學習，那之後便很難扭轉孩子的學習態度。」這段談話讓氣氛變得嚴肅起來，但出乎意料的，她並沒有反駁我，只說：「我明白了。謝謝妳告訴我，我壓根兒沒想過會給她壓力，我只是想說如果多幫她複習學過的內容，她會學得更快更有信心！」

「我瞭解妳的用意。」我笑著對她說：「只是孩子日後要學的東西還多呢！唯有源源不絕的學習熱情，才能引領孩子突破往後所有的課題，目前這階段學得多快多好，都只是次要的。」她若有所思地點點頭，說會再仔細想想怎麼做，之後就帶著孩子回家了。在這之後，她的標準明顯寬鬆很多，至少不會再追問我們為什麼孩子有些內容沒學會，珊德拉也慢慢地找回最初學習的快樂。

要讓孩子快樂學習，真的不難。但要讓孩子將這份快樂內化為一股對學習持續的熱情，需要家長給予孩子更多的時間和空間，切勿讓過高的期待造成孩子害怕犯錯，恐懼自己會因學習上的失誤，而被貼上失敗的標籤。

最重要的一件事，是要讓孩子相信，學習路途上即使踏錯步走錯路都不會浪費，因為每一個腳步都讓我們更瞭解自己，帶領我們找到學習的熱情。

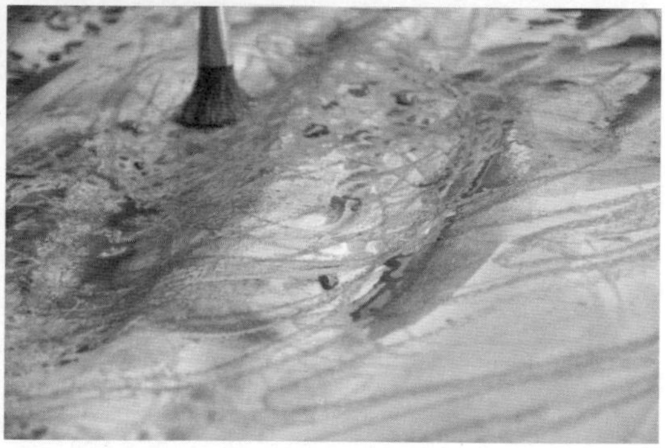

德國老師說：

「放手讓孩子摸索並發覺自己的興趣，
是為了增強孩子的學習動機，
這樣的快樂是單純來自個人求知欲的滿足。

換句話說，
我們想要賦予孩子的是長時間一點一滴培養的學習熱情，
因為這才是學前教育最大的目的。」

開放式教育的教學現場，最直接的震撼！

——相信孩子的能力，練習不擔心

我們常常鼓勵孩子
「我相信你做得到」，
但是實際表現出來的行為
卻不一致。

vs.

為了防止孩子受傷而寸步不離，
是在告訴孩子你覺得他會摔下來，
你不相信他爬得上去。
孩子感受到你的擔心，
就會懷疑自己。

時間回溯到，我到德國的第一年。

那時還在學校上德文課的我，接到工作的面試通知，顧不得大雪紛飛的壞天氣，便一早起身進城去一家規模頗大的雙語幼兒園面試。幼兒園的教務長很親切地迎接我，隨即帶我參觀幼兒園的設備。我發現這間位在漢堡市區的幼兒園，校地之廣，實在相當可觀；幼兒園本身是一棟三層樓的獨棟大洋房，房子前面是花園，後面還有一個自建的、附有沙坑的小遊樂場。

我仔細觀察這偌大的幼兒園，每一層樓都有不同的主題教室：有可以畫畫的美術室，可以盡情奔跑跳躍的室內體育場，還有陳列各種敲打樂器的音樂教室等等。奇怪的是，每一間教室裡幾乎都有幾位幼齡孩子獨自進行活動，老師們也各自忙著不同的事情：有的照顧新入園的孩子，有的換尿布，也有的老師來回穿梭在不同的教室。

「所以小孩們就各自待在自己喜歡的地方，老師不用在一旁協助嗎？」我納悶地問。

「不用。我們幼兒園強調的是『Open Concept』（開放式概念），小孩想去哪就去哪，老師不需跟前跟後，只要小孩需要幫忙的時候找得到老師就好了。」

腦袋裡突然想起多年前在英國念教育時，在圖書館趕論文的我讀到關於七〇年代英國小學掀起的一場教育制度革命「Open Education」，以孩子為學習的主導者，教師只提供協助與建議的「開放式教育」理念——學校變成一個如家一般舒適，卻又可以到處探索玩樂的學習場域。雖然開放式教育理念從未真正普及到小學制度，但是「以孩子為本」的教育思想，卻在日後變成德國幼兒教育的核心價值。

回家的路上，我思考了許久，腦海中充滿小小孩們獨自遊玩奔跑在幼兒園的

相信孩子有相對應的學習能力而不過度擔心，
他們才能從失敗的過程中
推演出屬於自己的成功方程式。

每一個角落，「Let kids be kids.」他們是這樣說的，再對比台灣一切井然有序的教室情景，心中很是震撼。那是我第一次跳脫了只從書本研讀教育學派，親身感受到所謂「開放式教育」的思想洗禮。

德國老師這樣做

從內心傳遞「你相信他做得到」，給孩子勇於挑戰的力量

當時幾經衡量下，我選擇另一所幼兒園工作。工作了好些日子後，有一天上午，我和一位德國同事帶了孩子們去公園玩。班上兩歲半的艾瑞克一腳勾上公園的攀爬架，正試圖要爬上去，因為身高不夠，所以對他來說有點吃力。艾瑞克怎麼蹬也上不去，眼看就要跌下來了，我於是過去推了他一把。他開開心心地爬上去後，滑下溜滑梯又馬上挑戰再爬一次。我因為擔心他摔了，一直站在他背後看著他爬。過了一陣子，從頭到尾站得老遠的德國同事安妮說話了，**「凱特妳應該要相信他爬得上去，而不是擔心他會摔下來。」**

這句話像是平地一聲雷，瞬間把我拉回一年前去面試拜訪的那家幼兒園。我似乎有點明白了這其中的道理。原來，就算老師沒有隨時在孩子身邊看顧著，也

不代表就是放任不管；即便時刻緊盯著孩子，事實上也無法完全保護他。

最應該探究的，或許是我們到底有多相信孩子？孩子學翻身、學爬、學站，或學走路，其實一路都是失敗經驗的累積，在成功之前，多次的失敗經驗未必全然相同。每一次的失敗都是測試不同方法的經驗累積，孩子才能從中找出下一次可能會成功的方向繼續努力。

因為怕孩子摔，怕孩子受傷，所以全程站在身後想保護他，這也許是人之常情，但重點是我們真的有辦法隨時隨地的保護著孩子嗎？如果說偶爾的跌跤和受挫是其中必經的過程，那麼讓孩子累積失敗的經驗，相信孩子有相對應的學習能力而不過度擔心，或許是我們真正能提供的一種保護方式。因為唯有如此，他們才能從失敗的過程中推演出屬於自己的成功方程式。

「相信你的孩子，這點對他們來說很重要。」安妮轉頭跟我說：「我不是不擔心他們摔下來或受傷，孩子要跌下來的時候，誰都會本能地去拉他一把，但是為了防止孩子受傷，而全程寸步不離的陪在身旁，其實是在告訴孩子你覺得他會摔下來，你不相信他爬得上去。」安妮接著說：「孩子感受到你的擔心，就開始會對自己懷疑。」

給予孩子自由和空間，

讓他嘗試一些事情，做一些決定。
當孩子真正感受到被信任，就會跨出自信的第一步。

收起自己的擔心，鼓勵孩子「要再試一次嗎？」

安妮說的那段話讓我沉思許久，我於是決定盡量不跟前跟後地看顧著小孩。隔沒幾天，又帶孩子們到公園玩耍，這次換班上兩歲半的昆汀走過來對我說：「凱特，請幫我。」小手一邊指著另一頭高高的攀爬架。

這項設施其實對孩子來說需要點技巧，於是我跟著他過去指導他一點訣竅，過程中昆汀一邊練習腳要站哪個支架才會穩，手該抓哪裡做支撐，眼看他已經快要爬上高高的滑梯口了，突然他腳沒踏穩，一個踉蹌，身體往下跌了去，還好小手抓得夠牢，不過卻撞到鼻子，痛得哇哇大哭。我只好把他整個人從攀爬架上給拎出來，他手摀著鼻子在我懷裡哭得稀里嘩拉的。

我蹲下身安慰地抱著他，心想他應該暫時不想再爬了，但還是開口問：「你要再試一次嗎？」出乎意料的，他竟然毫不猶豫的說好。我只好帶著昆汀再挑戰一次。果然，這次他學到要特別留意腳站的位置，沒多久就自己成功爬上去了。

「凱特！你看！」爬上攀爬架最上頭的昆汀得意地笑著，那小臉上雖然還掛著兩行淚，但早已不記得五分鐘前鼻子撞到通紅的痛楚。

德國老師說：「相信你的孩子，
這點對他們來說很重要。」
「你若全程寸步不離的陪在身旁，
其實是在告訴孩子你覺得他會摔下來，
你不相信他爬得上去。

「孩子感受到你的擔心，
就開始會對自己懷疑。」

一轉身他從滑梯溜下來，我對他說：「昆汀好勇敢！成功爬到最上面了，那你接下來要自己再挑戰一次嗎？」

他信心十足地看著我，笑著說好。於是我走到一旁，讓他自己摸索怎麼爬。**這時的我也在進行著練習，練習收拾起自己多餘的擔心，練習去相信孩子的能力，不因為想保護孩子，而輕易拿走他們與生俱來的勇氣。**

這是我從德國幼教老師那裡所學到寶貴的一課。

一直以來，心裡雖然明白知道，孩子就是會摔會跌，但在台灣工作了幾年，也落入「得在身旁看管著孩子才行」這般的慣性思維。諷刺的是，我們常常對孩子鼓勵著說：「我相信你做得到」，但是實際表現出來的行為卻不一致。

很多時候，孩子會根據父母的言行在心裡投射出自己的影像。因此，當我們希望孩子對自己有自信，老師跟家長們可能第一步要練習將這份擔心，內化為一股相信孩子能量，不僅僅用言語去鼓勵孩子，也用行動告訴孩子，你相信他做得到。而基於這份信任，你會給予他相對的自由和空間，去嘗試一些事情，做一些決定。當孩子真正感受到被信任的正面能量，他就會跨出自信的第一步。

BOYS'/ GIRLS' DAY 孩子們的職場初體驗

——跨越既定性別印象，德國成功的雙軌制技職教育

BOYS' / GIRLS' DAY
最原先的目的是，
想改善男女性別在各行業
比例上失衡的現象。

vs.

不同行業別提供的見習機會，
讓孩子從第一線探查工作內容
是否與自己的興趣吻合……
讓孩子能擇其所愛，愛其所擇。

某個星期四的早晨，我踏進幼兒園放好個人隨身物品後，去廚房泡咖啡好喚醒我那還不甚清醒的腦袋，發現德國同事金柏莉也在那準備孩子們的餐盤。定眼一瞧，身旁還站著兩位約莫十來歲的大男孩。

「早安！」我打招呼，一邊微笑地看著他們，有點他們納悶為什麼會出現在幼兒園裡。正想問清楚時，金柏莉開口說話了。

「這兩位是保羅和畢加。上次跟妳說過，這星期四會有兩位報名參加Boys' Day的體驗者。」

德國二〇一一年開辦BOYS' / GIRLS' DAY，
是為了讓年紀介於十到十五歲的孩子們能提早體驗職場生活，
看自己是否真的適合從事心目中的理想工作。

「啊，對喔！是今天。」有點不好意思自己忘了日期，隨即微笑地跟這兩位男孩打招呼：「哈囉，我是凱特。很高興你們今天來幼兒園參加一日工作體驗，你們倆現在幾歲啊？」

身材高大的男孩率先打招呼說：「我是保羅，今年十二歲。」另一個男孩也接著回答：「我是畢加，今年十歲，這是我第一次參加Boys' Day。」

金柏莉補充說道：「保羅去年也有報名參加Boys' Day在幼兒園的職場體驗日，他覺得去年的經驗很有趣，所以今年再度報名。」

看看時間，已經快九點了，我於是對他們說：「我先帶你們認識一下環境吧！不然等一下你們不知道要在哪裡幫忙換尿布。」

十歲的畢加聽到，頓時愣住了，已經有過一次職場體驗的保羅連忙解釋：「她在開玩笑，不是認真的啦！」

「當然不可能讓你們幫孩子換尿布啊。」我笑著說：「你們今天的主要任務就是觀察當一個幼教老師，有什麼你喜歡跟不喜歡做的工作，然後陪著孩子一起玩，瞭解幼兒園的作息，看看跟想像中的職場印象一不一樣，這會幫助你將來的職業選擇。」在職場體驗日裡，像在幼兒園幫孩子換尿布或是在醫院幫病人洗澡等等的事情，都必須由相關從業人員完成才行。

大男孩們點點頭，跟著我參觀了幼兒園的環境和設備。這時幼兒園裡已經有不少孩子到校，他們好奇地打量著大哥哥，有些怕生的小孩趕緊躲在我身後。我於是建議保羅和畢加，說：「慢慢來吧。教室那頭有玩具櫃和一些故事書，你們可以自己找一些東西來玩，孩子覺得有興趣的就會主動跟你們玩了。」

果然過沒多久，就看到一堆卸下心防的小孩們，把今天這兩個來幼兒園裡體驗的貴賓給淹沒了。保羅和畢加兩人使出渾身解數，幾乎是有求必應的滿足孩子們的要求。一下做勞作，一下用積木堆房子，尤其是班上愛玩球的男孩們，一到公園就圍著大哥哥要他們一起踢足球。一整天下來，孩子們都玩得很盡興，午休時間也睡得特別香甜，只是大哥哥們的體力備受考驗，其中十歲的畢加陪同孩子午睡時，不一會兒自己也睡著了。

保羅轉頭輕聲問我們：「要把他叫醒嗎？」

老師們一致搖頭說不必了，都覺得讓他休息一下也好。

「保羅，你想睡的話也可以去歇一下。」金柏莉說。

實習的任務就是觀察幼教老師的工作，
有什麼是自己喜歡或不喜歡做的，瞭解幼兒園的作息，
看看跟想像中的職場印象一不一樣……

「我不想睡啊。」他回答：「那孩子睡著時，你們接下來要做什麼？」

「通常我們會趁這時候開個小會議，看今天發生什麼狀況需要改進，或是有什麼訊息需要告知其他同事。不過今天比較特別，有你們來訪，我們來聊一下你的感想好了。」金柏莉微笑地看著保羅說：「這次是你第二次參加職場體驗了，想必很有興趣。你對幼教老師的工作有什麼特別的想法嗎？」

「因為去年也有參加職場體驗日，所以我大概知道是怎麼一回事。」保羅回答：「我覺得這工作其實涵蓋範圍滿廣的。除了照顧小孩之外，還包括活動設計、家長會談，而且需要很大的耐心和觀察力，不只是陪孩子玩那麼簡單。」

「說得真好呢！」坐在一旁的尤拉讚美著，隨口問道：「那你有興趣當幼教老師嗎？」

保羅想了一下，搖頭說：「應該不會。因為同事都只有女生。」

我們聽了都笑出來，我接著說：「男生比例占少數沒錯，但不是沒有啊，我們另外一家分校就有一位男老師叫多明尼克，超級受歡迎的喔。而且萬一你將來加入了，就又多了一位男老師了。」

保羅點點頭，笑著回答：「也是。我會考慮一下。」

BOYS' / GIRLS' DAY職場體驗，可不是玩BABY BOSS

德國從二〇一一年開辦的BOYS' / GIRLS' DAY，是為了讓年紀介於十到十五歲的孩子們能提早有機會體驗職場生活的概況，看自己是否真的適合從事心目中的理想工作。活動的參與並非強制性，孩子們可以決定是否有興趣參加，有需要的話可以委託學校或自行上網報名參加。

這項活動發起最原先的目的是想改善男女性別在各行業比例上失衡的現象。體驗日當天，男孩們有機會深入認識傳統女性為多數的職業類別，如護士、幼教老師、髮型設計師，或銷售人員和飯店接待等社會服務性質的工作；而女孩們則可以選擇體驗汽車維修師、木工、軟體工程師或ＩＴ產業這些以男性為主的技術性工作。

相關數據顯示，二〇一五年度大約有三萬多名男孩參與這項活動，女生超過十萬人；在這天敞開大門讓孩子進入觀察職場面貌的公司和機構則多達上萬間。

這樣的體驗不只是讓孩子走馬看花聽導覽而已，大部分的企業和機構除了向孩子介紹完整的工作內容外，還會提供符合孩子能力的實作體驗。舉例來說，一

BOYS' / GIRLS' DAY不只是讓孩子走馬看花聽導覽而已，
大部分企業和機構除了介紹完整的工作內容外，
還會提供符合孩子能力的實作體驗。

位女孩若選擇了想體驗軟體工程師的工作內容，聽完公司介紹和工作簡介後，她可能會有機會練習如何初步架構一個網站，或是瞭解要如何協調各部會開視訊會議等等事宜。**孩子們在這天就是一個職場見習生，不僅可以實際瞭解各行業的甘苦，也讓自己在未來工作選擇上不受傳統職業性別角色的限制。**

從德國行之有年的職場體驗日來看，不同行業別所提供的見習機會，讓孩子從第一線親身去探查工作內容是否與自己的興趣吻合，可以想見德國對技職教育的重視。

自十歲開始，孩子們每年可以自由報名參加這個活動，到了十六歲開始決定選校時，大部分學生都已經約略清楚未來的志向。

從小紮根的技職教育，是德國競爭力的基礎

德國職業學校以獨步全球的雙軌制（dual system）培育出各行業的專業技術人才，這無疑是德國經濟強盛的主因之一。雙軌制顧名思義就是學理和實務並重，一般來說技職學校的學生每個星期只需要到學校上兩天的理論課，其餘的時間都

到相關的公司企業去實習，這樣的技職教育為時至少三年。

所以，要進入德國的職業學校，得先申請是否有企業願意提供相關實習的機會，而企業因為要按照政府的法律規定給付實習生工作津貼（實習期間的平均月薪約稅前九〇〇歐元），並需要花費人力、時間去培訓這些職校學生，所以企業只有在內部有需要時，才會開放進入公司實習的名額。正因為如此，企業對在公司實習人選的遴選相當謹慎，之後也會盡力培訓其專業技術能力，從中再挑選足以適任公司職務的人選。德國技職學校畢業後的出路明確，這些專業技術人才的薪水所得，甚至遠勝於一般在辦公室任職的白領階級。

雙軌並行的技職教育，不但能確實掌握市場核心脈絡，也更深一步地精壯企業體的競爭力。

在德國，只憑藉著高學歷就想進入企業或機構任職，幾乎是不可能的一件事。由於對實務經驗的要求，原本只在職業學校施行的企業實習制度，也在德國大學逐漸變得普及，在相關企業的實習經驗甚至列為部分大學畢業的條件之一。

近年來，從德國的總工作人口比例來看，德國的高職（Berufsschule）約占五四%，專業進修學院（Meisterschule）約占一〇%，兩者相加後超過總工作人口的

從BOYS' / GIRLS' DAY到技職教育的完備培訓，
德國徹底落實「術業有專攻」的教育精神，
讓孩子能擇其所愛，愛其所擇。

六成以上；德國大學畢業生只占了一八％左右，剩下的一八％則被歸類為不具專業技能的工作人口（unskilled）。

德國的專業進修學院的考試審核標準相當嚴格，不論是術科或學科的考試，只要不符合標準，全班一起被當掉重修的事屢見不鮮，最後能順利畢業拿到證書的學生往往只占原班級人數的三分之一。學生在精準要求下被培養成具有職場「即戰力」的人才，不僅在德國找工作不是問題，德國職校硬底子的專業技能即使放眼全球，也備受青睞。

在德國有一句俗語說「Handwerk hat goldenen Boden.」單看字面上的直譯是「就技術就有黃金地板」，這裡所指的黃金地板就類似中文裡的鐵飯碗，意思是只要學得一身好工藝，將來無論到哪裡都不愁吃穿。這樣的信念在德國相當普及。大學學歷在職場並不特別吃香的情況下，選擇進入大學的人也就少了。

從孩子們的BOYS' / GIRLS' DAY到技職教育的完備培訓，不難理解德國的經濟為何得以穩健成長，更以徹底落實「術業有專攻」的教育精神，讓孩子能擇其所愛，愛其所擇。

Part 2

助跑！
德國優質教育
全方位能力養成之道

創造環境、給孩子練習的機會，
貫徹「細節成就一切」的鐵血教育

務實的德國人相信，由小事做起才能成就大事。

給孩子們年齡相符的學習任務，不低估孩子熱愛學習的天性，按部就班讓孩子在一次次「做得到」的成功經驗中，享受自豪與得意的心情；給孩子「勇敢說不」的機會，練習堅持與毅力；讓孩子在面對衝突時不退卻，找到捍衛自己的勇氣……

生活自理＆自豪與獨立

——不因為趕時間、嫌麻煩，而剝奪小孩的學習機會

「咦！邁克斯你褲子穿錯面了噢。」

vs.

「你做得很好，自己開始練習穿褲子了，是真正的big boy。」

有天下午，班上兩歲的邁克斯蹦蹦跳跳地跑過來找我。「凱特，你看！」他手指著褲子，兩眼圓睜，很得意地看著我。

原來他午覺剛睡醒，第一次自己試著成功地把褲子穿起來。我仔細一看，發現他把褲子穿反了，褲子後邊的兩個大口袋跑到前面，褲前拉鏈卡著屁股肉當然也沒拉起來。我看著邁克斯說：「你做得很好，自己開始練習穿褲子了，是真正的big boy。」他開心的和我擊掌。

三點半吃完點心後，家長陸陸續續地來接小孩。沒多久，邁克斯的媽媽也來

接他下課了。我向她簡述邁克斯今天過得如何，趁著孩子還沒到之前，我壓低音量小聲地對她說：「他今天第一次試著自己穿褲子，雖然褲子穿反了，但是我希望我們先暫時不要糾正他褲子穿錯面，因為他好開心。我想再多試幾次，他應該很快就會記住要把有拉鍊的那面穿到前頭來。」

媽媽笑了笑說：「當然，他願意去試著自己做最重要。」

在那之後，邁克斯每天午睡後都會練習自己穿上褲子，有好幾次還是穿錯面，一直到他學會認褲子的正反面、能正確穿脫，大概又花了三個月的時間。

德國老師
這樣做

用鼓勵代替糾正，讓孩子保有「我做到了」的成就感！

德國幼兒教育中，生活自理能力是必修的一課。學用餐具吃飯，用水杯喝水，學會穿脫鞋襪等等。德國人喜歡按部就班，所以在教孩子任何一項自理能力時，都會拆解成幾個動作讓孩子分階段練習。

以穿褲子而言，我們通常都會先讓孩子看一下褲子的正反面，再幫孩子把褲子翻到正面，讓他們練習自己穿。孩子第一個學習任務是：只要順著褲管伸出來

德國老師和家長都認為
孩子能從學會基本自理能力
慢慢建立自信心。

腳掌來，學習如何將褲頭拉上來的動作。

此時，德國老師會在一旁鼓勵的說「Zieh! Zieh!」，意思是「往上拉」，但是孩子在練習過程中不時會發生褲子穿反的狀況，這時候老師們不會刻意糾正，因為此時的主要階段學習任務是練習往上拉的動作，等動作熟練了，才會再細教孩子如何分辨褲子的正反面，不過通常絕大多數的孩子在練習一陣子後，就逐漸知道如何分辨，邁克斯也不例外。

幼教老師和家長都認為，孩子能從學會基本自理能力而慢慢建立自信心，沒有人會想用速成的方法讓孩子學會。他們會盡量避免頻繁的叮嚀提醒，即便孩子可以因此學得比較快。舉例來說，當邁克斯開開心心地向我展示他自己好不容易穿上的褲子，我倘若不留意地說出：「咦！邁克斯你穿錯面了噢。」他也許會不以為意地走開，但另一種可能是，他聽了我的話把褲子重新穿好後，卻徹底失去了「自己穿褲子」的自豪。

實際上，對這個年齡的幼童來說，學得多快並不是重點。德國幼兒教育希望賦予孩子們的，是信賴自己的能力，是一步一步努力達成的成就感，還有錯了再試的勇氣。

當幼齡孩子開始學一樣新技能，過度或過早地提出糾正，都會使得孩子習慣「自己總是錯的」，日後可能會相對依賴他人的指正才相信自己做得正確。

德國老師這樣做

長期作戰的心理準備：就算孩子耍賴發懶，一點都不讓步

德國幼兒園相當早就開始放手讓孩子自理。

用餐時間，二十個平均年齡兩歲的小孩全部都乖乖的坐在椅子上自己拿著叉子用餐。德國人很堅持要讓孩子學會用叉子和湯匙吃飯，不怕他們掉在地板上的食物比實際吃進肚子的還多，就怕他們一直學不會正確使用餐具，所以並沒有允許孩子用手抓麵或食物，任憑他們「自由揮灑」的這種情況發生。

午餐結束後，有些剛學會自己吃飯的小孩常常都變成南瓜臉、番茄臉（依當日醬料為準），於是他們會到洗手台接過濕毛巾，練習把沾滿醬料的手臉擦乾淨。

喝水也是一樣。剛入園的新生，從矽膠奶嘴的寶寶學習水杯開始使用起，接著用塑膠水杯，等到水杯用習慣了，再教導孩子們如何自己一手拿穩水壺，一手

德國人喜歡按部就班，
所以在教孩子任何一項自理能力時，
都會拆解成幾個動作**讓孩子分階段練習**。

抓著水杯，然後倒出適量的水在水杯裡。

德國幼兒教育，從生活最基本的每個環節學起。可想而知，要教會這些小孩學會自理，勢必得長期作戰。

剛開始，小孩可能會一個下午打翻五次水杯，或花三十分鐘穿一條褲子。特別是穿脫衣物，時常會發生小孩鬧脾氣、發懶、裝傻、不想自己穿……諸如此類的狀況劇，遇到這種情形，德國幼教老師可是一步都不會讓。

記得有一次，大家正整裝準備出發到附近的公園玩，眼看全班幾乎都快換好衣服鞋子了，班上三歲的史蒂芬還賴坐在地板上，連鞋子也還沒脫。德國老師安妮見狀便催促著說：「史蒂芬，請自己換好鞋子，我們快要出發了。」

史蒂芬裝作沒聽到的繼續打鬧玩耍。過了十分鐘還是沒動靜之後，安妮老師走到他面前，認真且嚴肅地說：「請你現在立刻換上外出鞋，如果你需要幫忙可以說，我們要出發了。」

史蒂芬只回了一句：「不要！」

安妮老師又問：「你不想去公園嗎？」

史蒂芬：「想！」

安妮老師：「想一起去公園的話，請趕快把鞋穿上噢！」走廊這頭的史蒂芬還是不為所動地說：「不要！」

如此這般鬼打牆的一來一往了幾次。

安妮老師也沒動怒，就牽著史蒂芬的手走進教室內，對著留在教室做主題教學的我交待了一聲：「凱特，史蒂芬不想自己穿鞋子，那麼很遺憾的他不能跟我們一起去公園玩了。」隨即關上門，帶著其他小孩出發。

史蒂芬見狀立刻大哭，很快地把鞋子穿好，可惜的是隊伍已經走遠了。

當天下午，史蒂芬的媽媽來接他。像往常一樣，她問史蒂芬今天是否玩得開心，他回答不開心，因為沒有去公園玩。

安妮老師解釋原委後，媽媽說：「啊，好可惜啊！今天天氣真好耶。」我們猜想她心裡也許不太願意史蒂芬被留在園所，但也尊重老師的對應方式。

接著，她轉過頭對史蒂芬說：「那你現在想去公園玩嗎？想的話，趕快自己把鞋子換好唷。」這會兒只見他毫不猶豫的馬上開始穿鞋，媽媽看了我們一眼，也笑了出來。

過度或過早地糾正錯誤，
會使得孩子習慣**「自己總是錯的」**，
日後容易依賴他人指正，才會相信自己做得正確。

德國老師
這樣做

讓孩子輕鬆學穿脫衣物，成功達陣的三大關鍵！

固然我們都明白基本自理能力之於孩子的重要性，但是對忙碌的現代父母而言，理解和實踐卻存在著不小的差距。想放手讓孩子練習穿衣穿鞋，最後被折騰的往往是看著時鐘跳腳的爸媽。上班已經快遲到了，小孩還呆坐在地板上鞋襪都沒穿好，不少爸媽這時索性不等了，火速幫孩子穿整好就趕著出門去。於是，每日早晨總是在砲聲隆隆中急急忙忙到校、上班。孩子學不會自理，父母的代辦清單自然不會自動少一件。

比起學科或才藝課，德國人相對的更加重視孩子的自理能力。

因此幼教老師和爸媽之間會積極溝通，確定學校和家裡的學習同步，奉行以下三大關鍵原則，協助孩子學會自理：

（一）務必挑選可以輕鬆穿脫的衣物。

不管是在學校或家裡，盡量幫孩子選擇褲頭是鬆緊帶的棉質運動褲、寬鬆T恤等容易穿脫的衣物。

在孩子剛開始練習時，最好避免吊帶褲或是排扣襯衫、皮帶等穿脫較繁雜的衣物，鞋子的選擇也最好以魔鬼氈貼黏取代需要綁鞋帶或繫上扣環的鞋款。這樣可以簡便穿脫的衣物讓孩子一開始練習的時候比較好上手，也不會因為難度過高而放棄學習。

（二）狀況允許下，讓孩子決定自己要穿的衣物。

德國小孩不穿制服上學，父母也多了一個決定孩子該如何穿搭的難題。從兩歲開始，孩子們開始會對穿什麼衣服表達意見；明明是個艷陽高照的好天氣，孩子卻可能執意要穿長袖的衣服，外加上一雙雨鞋。

有些孩子為了想穿自己喜歡的衣服出門，可是會意志堅決的奮戰到最後一刻，讓早上原本就相當有限的時間再壓縮至爸媽幾乎要抓狂大叫的境地。

不少德國父母會因此放手讓孩子選擇外出服，或是前一晚預先準備好幾套衣

比起學科或才藝課，德國人更加重視孩子的自理能力。
因此老師和爸媽會積極溝通，
確定學校和家裡的學習同步。

如果孩子需要二十分鐘的時間脫掉鞋子，
就給予他所需要的時間。
不催促孩子為什麼脫個鞋襪耗時過久，
也不輕易代勞幫他們完成。

對德國人而言，孩子若能從小認知到
穿衣穿鞋是要「自己完成」的事，
就越不容易在日後有抗拒學習自理的依賴心態。

物，隔天一早再讓孩子從中選擇一套喜歡的，這樣的做法會讓他們在有限的選擇中覺得自己還是有點決定權，也讓孩子更有動力學習自己自理穿衣。

（三）父母的耐心和毅力是關鍵，請把孩子的練習期拉長。

對德國人而言，孩子若能從小認知到穿衣穿鞋是一件要「自己完成」的事，就越不容易在日後有抗拒學習自理的依賴心態。

不管家裡或幼兒園，一歲就開始每日不厭其煩地重複教導孩子種種基本自理事項，練習的時間也拉得很長，按部就班，先讓孩子慢慢練習自行脫下鞋襪，等熟練之後，再開始訓練孩子自己穿鞋，漸進式的增加學習難度。

孩子從會脫鞋襪到能夠自行穿鞋，往往需要一整年的時間每天練習；兩歲開始學穿脫褲子，最後才學穿脫衣服；到三歲的時候，大部分的德國小孩都已經可以輕鬆打理自己穿衣穿鞋。

當然，一歲多的幼兒學脫鞋襪仍然有點難度，剛開始老師和家長都需要觀察孩子的能力，示範拆解動作，適時提供幫助。如果孩子需要二十分鐘的時間脫掉

孩子一歲開始，從脫鞋襪到能夠自行穿鞋需要一整年每天練習。
兩歲開始學穿脫褲子，最後才學穿脫衣服。
三歲時，大部分德國孩子都可以**輕鬆打理自己穿衣穿鞋**。

鞋子，就給予他所需要的時間，不催促孩子為什麼脫個鞋襪耗時過久，也不輕易代勞幫他們完成。有些德國父母甚至會在每日的早上行程排進孩子自理的練習時間，避免在時間壓迫下失去耐心而剝奪其學習機會。

幼兒園的第一課，很符合一般人對德國人務實的既定印象——從基本自理學起，從生活學起。

德國人相信，由小事做起才能成就大事。給孩子們年齡相符的學習任務，不要低估孩子熱愛學習的天性，因為脫離依賴的孩子，才能一步一步建立自信，學習獨立。

儀容整潔&人緣與自信

——如何維護個人基本衛生，也是學習自理一部分

工作家庭兩頭燒的雙薪爸媽，
能準時地送孩子上學已相當難，
孩子在車裡睡得東倒西歪，
一頭亂髮或衣著不整在所難免。

vs.

對學前的幼齡孩子來說，
例如睡前幫孩子梳頭，
或是起床後幫孩子打扮，讓他們
有被爸媽關心疼愛的感覺……

小孩必須**乾乾淨淨、穿著整齊**的上下學，
這是德國幼兒園的重要守則之一。

甫進門就看到尤拉老師在幫三歲的費琳娜梳頭髮，我隨即問道：「今天早上還是一樣嗎？」尤拉無奈地點點頭。她頓了一下後回應說：「我們趁今天的午休時間開會討論一下吧，這樣下去不是辦法。」

於是，那天我們開會討論的重點是，如何改進費琳娜每天早上上學時的服裝儀容。**一般而言，德國老師和家長，都把「小孩玩得一身髒汙」視為每天必然會發生的事，不會有人因為怕小孩玩髒衣服或一頭亂髮而限制孩子不能去玩，因此家長都會不定時檢查孩子在幼兒園的置物櫃是否有足夠的衣物可供替換。**但玩歸

玩，衣服弄髒沒關係，換上乾淨的就好，頭髮亂了也可以再梳整好，可是小孩必須乾乾淨淨、穿著得宜的上下學，這是德國幼兒園的重要守則之一。

「可以具體說一下是什麼情況嗎？我不是很清楚。」新來的同事凱莎問道。

我們其他四個老師便逐一列出費琳娜父母打點孩子儀表上疏漏的地方：

（一）孩子上學時，衣著不整，或穿著已嚴重汙損的衣物到校。

（二）雙眼布滿眼屎未清，臉上也常有已乾掉的鼻涕附著。

（三）蓬頭亂髮到校，孩子頭髮打結毛躁嚴重，明顯可以看出小孩起床後未經梳整即趕著出門。

凱莎聽了之後問：「上學的衣服？你們所謂的衣著不整是什麼意思？」

尤拉補充說道：「我們當然不是指孩子要穿多好的衣服到校，但至少不要讓孩子穿明顯已經破損不堪的衣物。上次費琳娜來上學時只穿了一件長袖上衣加上毛褲襪，毛褲襪已經破了一個拳頭大小的洞，而她身上的那件毛衣還是幼兒園提供的備用衣物，因為她根本已經沒有可以替換的上衣。提醒了好幾次，請爸媽帶幾套孩子的衣物到校，還是常常忘記。」

「費琳娜的爸爸是德航的機師，媽媽是律師，雙方都忙於工作，每天孩子都是最早送來，最晚回家。」尤拉繼續說：「這當然無所謂，但是最起碼得讓孩子乾乾淨淨的上學吧。昨天一早，費琳娜也是一頭亂髮上學，我於是幫她綁了辮子，很顯然她昨晚頭髮沒解開就上床睡了，然後今天一早頂著已經散亂的辮子頭來學校，滿臉的鼻涕也不擦。幫孩子整理好儀表，可不只是幼教老師的工作。」

「我同意。」凱莎點點頭說：「家長的確應該幫孩子把服裝儀表打理好再送到學校，就如同我們也都讓孩子面容乾淨，穿著整齊的放學。」

教育這件事，父母不能只是期待老師認真

「孩子們玩得多髒都可以，但是他們同時也必須瞭解到，玩的時候不需害怕泥濘，可是遊戲結束後，換上乾淨的衣服，把手臉都洗乾淨，頭髮梳整好。孩子得要懂得維護個人基本衛生，這也是學習自理的一部分。」尤拉說道。

「有道理。」我說：「雖然費琳娜只有三歲，但是現在的家庭教育很可能會影響到她將來的生活習慣。如果父母覺得一頭亂髮來學校不是很嚴重的事，那她要學會如何打理好自己的儀表，就更加困難了。」

家庭教育會影響孩子將來的生活習慣。
如果父母覺得一頭亂髮不嚴重，
那孩子要學會打理好自己的儀表就更加困難了。

「你這麼一說我突然想到，其實不只是儀容整潔的問題而已。」另一位德國同事安妮也加入討論：「這也會引發孩子自信危機和交友的問題，嚴重的話也容易成為被同學霸凌的對象。」

「沒錯！」我回應安妮的說法，「現在她才三歲，也許問題還不大，但是如果情況不改善，等她再大一點，其他同齡的孩子可能就會開始有意無意地嘲笑她的穿著和亂成一球的頭髮，甚至亂取綽號之類的。」

尤拉於是下了結論：「這問題可大可小，看情形我們得安排單獨的家長會談好好進行溝通。」

一週後，我們幾位老師一致達成共識，由尤拉去和家長溝通。會談的內容，除了請家長留意孩子上學時的儀容整潔，也進一步向家長解釋衛生習慣必須從小養成的重要性。家長也許因為工作忙碌，很多小狀況無法及時察覺，但日積月累下來，這些小狀況卻可能會衍生出其他層面的問題。**尤拉明確向家長表示，這次的會談過程會記錄下來，隔一陣子校方會再次評估狀況是否得到改善，因為教育原則必須學校和家長一起合作，才能落實。**

很幸運的，費琳娜的家長非常明理，也同意校方的教育原則，並為自己照顧上的粗心致歉，承諾會全力配合，多花心力注意孩子的儀表和整潔衛生。

幫孩子打理服裝儀容，傳達的是父母疼愛的心意

工作家庭常忙的蠟燭兩頭燒的雙薪爸媽，每天能準時地送孩子上學，已經有相當難度，有時開車上學途中，孩子在車裡睡得東倒西歪，到學校後一頭亂髮或衣著不整，也在所難免。

不過在德國幼教老師的眼裡，不管工作再忙再緊迫，沒有一個職位頭銜比「父母」這個角色更重要，因為教養孩子的重責大任，不能永遠只期待老師一肩扛起，事事代勞。

父母之於孩子，是「無私的愛」和「支持」兩種能量的存在，而這些能量常常是透過生活中瑣碎的小事展現出來，尤其對學前的幼齡孩子來說，例如睡前幫孩子梳頭，或是起床後幫孩子打扮，都讓他們有一種被爸媽關心疼愛的感覺。換句話說，有些事固然可以請人代勞完成，但他人卻無法代替父母傳達愛的心意給孩子。照顧孩子衣食住行是身為家長最基本的責任之一，如果連這點都做不到，

孩子儀容整潔與否會引發
自信危機和交友問題，
嚴重的話還會成為被同學霸凌的對象。

那就更遑論要教育孩子了。

德國幼教老師也不是不能理解身為家長的難處，說得更清楚點，**希望家長注意孩子的儀容是否合宜的背後意義，也是想提醒家長在百忙之中不要忘了「看見孩子」，多花點心思注意孩子的身心狀況，因為除了吃得飽睡得好，孩子的情感需求也必須同時被滿足。**讓孩子整潔乾淨的上學，絕對是每個家長的基本功。

勇敢說不＆堅持與毅力

——任性？有主見？是獨立意志的一體兩面！

覺得孩子固執難調教，
陷入與孩子之間的情緒角力，
想盡辦法要孩子服從，
學會乖乖聽話……

vs.

擁有超強意志力的倔傲孩子，
通常很早就清楚自己的喜好，遇到
困難會一再嘗試找出解決方法。
只要適時引導，其實是個優點。

看著爸爸一離開，三歲的喬安娜頓時理智斷線，雙手不停地拍打幼兒園的玻璃大門，想把剛剛離開的爸爸喚回來：「爸爸！嗚嗚嗚……爸爸……」

「喬安娜，等妳下午吃完點心後爸爸就來接妳了。」我試著安撫著，「我們先進去教室好不好？想不想玩拼圖？」

「不要！」她手一揮把我推開，不只鼻涕和眼淚齊流，小小的臉也氣得通紅地繼續大喊：「爸爸……」

平日喬安娜大都是媽媽接送上下學，今天早上爸爸因為休假的關係，難得的

德國老師之所以不立刻強硬制止孩子哭鬧，
因為這代表他能清楚表達並堅持自己的喜好，
正在體認**自己是獨立於爸媽之外的個體**。

送她上學，於是就加演了這場離別哭戲。

讓她整個人趴貼在玻璃門前一直大哭實在也不是辦法，於是我拉起她的手想帶她進教室，這下子喬安娜又滾又踢的奮力抵抗，不想離開。硬把她抱進教室後，我人也快癱了，但喬安娜顯然對我擅作主張把她抱進教室感到異常憤怒，她越哭越厲害，一邊哭腳一邊踢……這還不打緊，這小妞最令人頭痛的是，只要一發起火就會開始脫鞋襪然後隨手扔出去，如果氣還沒消，她便接著脫下褲子，最後連紙尿褲都會被扯掉。光著屁股在地板上的喬安娜繼續嘶吼哭喊。

德國老師
這樣做

過度安撫和一味斥責，教養不出勇敢獨立的孩子

要停止喬安娜這種不定時的情緒火山大爆發，事實上我只有兩種選擇。一是順她的意，打電話告訴爸爸她哭鬧不停請考慮把她接回家；一是靜待她自己把生氣的情緒發洩完畢。

對於倔強的喬安娜，好言好語的安撫或疾言厲色地制止都沒用，一旦情緒上來了，她絕對軟硬不吃。

當然，我不可能也跟著喬安娜理智斷線，只要確定她沒有身體不適，我多半任由她哭鬧，衣服鞋襪扔一地也不急著幫她穿上。

過了十五分鐘，我從哭聲判斷她的怒氣應該告一段落了，便走過去對她說：「喬安娜，艾蜜莉在前面玩拼圖，妳想不想一起玩？」

還賴在地上不肯起身的喬安娜考慮了一下，回答：「好。」

聽到她的回答，我總算鬆了一口氣，順勢說道：「沒問題，我先把拼圖組合拿出來，妳穿上褲子鞋襪後，趕快來自己選一幅拼圖玩吧。」

喬安娜立刻起身開始穿上鞋襪，接著把那件被扔到一旁的褲子撿回來穿上。半小時前的狂風暴雨，突然一秒後情緒放晴，她像什麼事情都沒發生似的就跑去玩拼圖了。

班上另一個和喬安娜有著同樣倔傲脾氣的是兩歲的艾瑞克。舉凡穿的衣服、坐的椅子、尿尿的馬桶，他都可以有意見。一旦不滿意某個小細節，他會不停哭吼到整個幼兒園都地動山搖的地步。

有一個夏日午後，全班整裝準備到附近的公園去玩。安珂老師出發前詢問孩

孩子外出時堅持自己揹著後背包，
吃飯時也堅持坐跟其他大孩子一樣沒有椅背的圓凳……
種種行為充分展現他**「想要長大」**的決心。

子除了沙坑玩具，還想帶什麼去公園玩，足球或畫水泥地的大粉筆可以再選一樣，大家很快的選了足球。

正要出發時，原本同意的艾瑞克卻臨時改變心意，想把粉筆也帶去公園畫畫。安珂老師向艾瑞克解釋我們已經帶了很多玩具去公園，如果他想用粉筆在地上畫圖，等我們從公園回來，在幼兒園的花園也可以畫。

但是顯然艾瑞克不想聽勸，開始鬧彆扭哭喊著要粉筆。安珂老師認為不能讓全班在一旁枯等，也不能因為他哭就妥協，於是牽著他的手就出發到公園。艾瑞克一路上邊哭邊走，還一度賴在地上不肯起來，折騰了好一陣子總算到了公園。

原先以為等艾瑞克到了公園，應該就會注意力轉移而停止哭泣，誰料到一路哭到公園的他仍然戰鬥力高昂，被帶進公園後竟然試圖想把拴上的安全鐵門給撞開，手腳並用的想從鐵門的欄杆穿越過去，試了幾次發現不可能後，又再次開始嚎啕大哭起來，往幼兒園的方向哭喊著：「粉筆……我要粉筆！」

安珂和我們幾位老師互望一眼，苦笑著兩手一攤說：「這就是艾瑞克啊，真是個戲劇之王（Drama King）。」

喬安娜和艾瑞克算是全班裡面脾氣最頑強的兩位。所有老師都清楚當他們正在鬧脾氣時，這時很難有一招奏效的方法令他們馬上停止哭泣，所以並不會隨著孩子的情緒起舞，也不嚴厲的指責他們哭鬧的行為。**過度的安撫和斥責往往只是再度延長孩子的負面情緒。**

德國老師認為，孩子哭鬧並不一定是負面的一件事，特別是對幼齡的孩子來說，哭泣其實像是種情緒治療，不妨耐心讓孩子發洩完負面情緒，等孩子恢復冷靜後，再好好的跟他談一談。

只要不放棄該有的原則，不全然冷漠以對，孩子想哭的時候就讓他們哭吧！

德國老師
這樣做

別教出媽寶，從容應對2~3歲「第一個成長叛逆期」

——包容孩子難搞的情緒與個性，但教養原則絕不退讓

德國老師之所以不會想要立刻強硬制止孩子的哭鬧行為，還有另一個重要的原因：他們覺得一個小孩能夠清楚表達自己的喜好，為了某些事情會有所堅持，那是因為小孩其實正在體認到自己是獨立於爸媽之外的個體。

擁有這樣超強意志力的倔傲孩子，通常很早就清楚自己的喜好，對學習具有

所有的教養方式，若沒有
建立在**瞭解孩子的個性傾向**上，
就很難真正奏效。

高度熱誠，在遇到困難時往往會一再嘗試，找出解決方法，只要家長適時加以引導，這個特質其實可以是一個優點。

如果父母或老師總是覺得孩子固執難調教，一再陷入與孩子之間的情緒角力，想盡辦法要孩子服從，學會乖乖聽話，不但可能會適得其反，也欠缺正確導引孩子情緒的方式。

撇開倔強的個性不說，喬安娜和艾瑞克的確是非常好學且堅毅的孩子。

兩歲多的艾瑞克，雖然愛哭愛鬧，常常一不小心就踩到他的情緒地雷，但是他在很小的時候就學會如何自理。一歲時就已經會自己脫鞋且自動把鞋子放回原位；下午爸媽來接他回家時，不需提醒也會自己把玩過的玩具收拾好，才開心地奔向爸媽的懷抱；外出時的後背包一定堅持自己揹著；即使是吃飯時，也會堅持坐在跟其他大孩子一樣沒有椅背的圓凳上……種種行為舉止充分展現了他「想要長大」的決心。有時看到他牛仔褲脫到一半卡住脫不下來，氣得哇哇叫時，想說幫他一下，艾瑞克會急得大叫：「自己來，我自己來！」

而三歲的喬安娜也是如此，事情不愛假他人之手，這樣的個性讓她非常快地就學會自理穿脫衣物的能力，戶外教學時走再遠的路程，她也幾乎不曾喊累要坐推車。除此之外，喬安娜很早就表現出對藝術強烈的興趣，各種美術活動都熱衷參與，無論是水彩、陶土還是拼貼畫，個性執著的她會專注的坐在位子上，非得將作品完成才肯離開。

二到三歲這個難搞的年紀，不只是孩子人生中的第一個叛逆階段，此時更是幼兒人格建立的黃金時期，管教尺寸的拿捏常令家長頭痛不已。

喬安娜和艾瑞克的例子並不是想告訴大家，家有固執任性孩子的孩子就不用管教，而是從我自身的經驗來看，所有的教養方式，若沒有建立在瞭解孩子的個性傾向上，就很難真正奏效。

我在台灣曾看過一些家長和老師，幾乎是用嚇阻的方式命令孩子「三秒停止哭泣」，其實這樣勉強孩子壓抑情緒的方式，除了讓孩子缺少機會練習處理自己的負面情緒，也等於間接告訴孩子你不允許他擁有自己「獨立的意志」，日積月累下來，家長可能不自覺地削弱了孩子「想要長大」的決心。

因此，當家中小霸王／小公主發脾氣時，建議家長可以先自我心理建設：提醒自己孩子的情緒正在高漲，不跟孩子的負面情緒互相拉扯，也絕不輕易退讓的

務必允許孩子擁有可以「哭鬧的權利」，
因為每一個任性的孩子，
其實都在心中壯大想要**自我獨立**的能量。

重大教養原則，但是務必允許孩子擁有可以「哭鬧的權利」，因為每一個任性的孩子，其實都在心中壯大想要自我獨立的能量。

換個角度想，孩子的成長路途上，難免會有窒礙難行的時刻，這時心志不夠頑強，是很難堅持下去的，寧願在孩子還小的時候，讓他們擁有能夠勇敢說不的能耐，也不要等孩子大了還無法脫離爸媽羽翼，成為一個無法自立飛翔的媽寶。

化解衝突＆捍衛自己

——面對可能的校園霸凌，德國人這樣培養孩子解決問題的能力

孩子哭著要求爸媽幫他們出頭理論，爸媽立刻氣急敗壞的要對方家長負責……

vs.

「孩子世界的遊戲規則並不是大人說了算，里歐不能一直害怕比他高大的孩子，他若不想接受別的孩子訂的規矩，就得找出方法來。」

猶記得在台灣幼兒園工作時，班上有孩子被咬被打是所有幼教老師的噩夢。下午家長來接小孩的時候，如果沒有把小孩毫髮無傷地交給家長，可能免不了要遭到家長質問或一陣數落。

幼齡孩子咬人、抓人或拉頭髮等等看似攻擊性的行為，其實是幼兒發展中相當普遍的階段性問題。就以咬人來說，造成這行為背後的原因很多，也不是單純用教化就能一次解決的簡單問題。

尤其是一至三歲孩子在長牙或語言能力不足的時候，面對衝突的情境，如搶

幼齡孩子咬人、抓人或拉頭髮等等看似攻擊性的行為，其實是幼兒發展中**普遍的階段性問題**。

奪玩具，往往本能地依賴身體去表達自己的情緒，抑或是當作保護自己的方式。

德國父母這樣想

1～3歲孩子咬人、抓人、拉頭髮，是本來就會發生的事！

在德國，孩子被咬被打，父母對此反應都非常淡然。最常說的一句就是「Es passiert」，意思是「這本來就是會發生的事」，也不會繼續追問到底是哪一個孩子咬人或打人。然而，一至三歲幼兒的肢體攻擊行為，可以用幼兒發展常見現象解讀，但是四歲以後，如果這種行為仍持續甚至惡化，可能就會演變成最令父母憂心的同儕霸凌問題。

其實霸凌發生的時間起點遠比很多人想得更早，看似無憂無慮的學齡前兒童，也可能會被迫面對不同性質的同儕霸凌。

特別是在德國幼兒園裡，孩子們自由玩樂的時間相當充裕，加上幼教老師不會無時無刻在旁盯著孩子們玩，更容易發生。雖然大部分的肢體攻擊行為都會在語言掌握能力成熟後停止，不過，以言語或關係霸凌同學的情況卻不少見。

幼兒園最常發生的情況之一，是有的孩子會獨占玩具或遊樂設施，不讓其他人使用。班上有個四歲的大男孩偶爾會把所有的玩具汽車全部藏在他坐的地毯下，自己並沒有要玩車子，卻藏起來不想讓別人玩；也有的孩子會在公園裡，不斷地把沙坑的沙子倒在別的孩子頭上或外套裡，情節嚴重一點的會有小團體刻意排擠某個小孩……這時，孩子是否有足夠的能力去抗衡來自同儕種種不友善的對待，便顯得格外重要。

德國父母
這樣想

不想接受別人的遊戲規則，就得自己想辦法

「不行，你不能上來，這是我的城堡。」站在溜滑梯上的四歲的菲力對著下頭正要爬上去的里歐大喊著：「你不准上來，是我先到的！」

兩歲的里歐看了菲力一眼，順著階梯爬了下來，走到滑梯的另一頭想再攀上去，菲力馬上就注意到了地盤再度被「侵入」，回過頭去又對著里歐大叫：「不行！我說過你不行上來！」

里歐這時也生起氣來，對著菲力尖叫。

看到這裡，我實在忍不住，走過去對菲力說：「請問他為什麼不能上去？」

肢體攻擊行為會在孩子的語言掌握能力成熟後停止，
不過，以言語或關係霸凌同學的情況仍不少見。
這時，孩子是否能**抗衡同儕不友善的對待**，格外重要。

「因為……因為是我先爬上來的。」菲力小聲囁嚅地說。

「你先上來就是你的溜滑梯，是嗎？」我面無表情地反問他。

菲力沒說話。我於是接著說：「那你等一下就不准下來喔，因為下面的地全都是我和里歐的，你覺得這樣好嗎？」我轉過身指著遠處的鞦韆：「那邊的鞦韆等一下你也不能玩，因為艾蜜莉正在盪鞦韆，所以應該也是她的囉！」

菲力頓時像消了氣的氣球，搖搖頭回答：「不是。」

「我再請問你一次，可不可以讓里歐也上去玩呢？」我微笑著問。

菲力點點頭，沒有多說什麼。我想他心裡有點不甘心，便接著對他說：「我覺得這是個好主意，你讓里歐上去玩，等一下你也可以去玩別的設施，整個公園就是大家共有的，這樣不好嗎？還是你只想玩溜滑梯就好了？」

「不好。」他斬釘截鐵的很快回答我。

「這就對了。謝謝你的合作。」說完我便離開。

原以為事情應該就此落幕，沒想到才隔一天，這齣占地為王的戲碼竟然又上演，只不過發生的地點換到了公園內的小屋，證明了前一天我自以為巧妙調解爭執的問與答沒什麼作用，於是我決定拉長戰線，先暫時站在一旁觀察不介入。

「這是我們的祕密基地，你們不能進來。」菲力的說法幾乎完全沒變，旁邊還有個同年紀的好朋友史蒂芬撐腰。

「進去，讓我進去。」兩歲的里歐用手指著小屋裡面說道。

「不行！」菲力拉高嗓音，彷彿要壯大聲勢地擊退入侵者。

被拒絕的里歐不知哪裡生來的想法，突然硬生生的想要強行闖入小屋裡面，但是史蒂芬用身體擋住小屋的入口，推了里歐一把並大吼：「走開！」

不得其門而入的里歐大聲哭了出來，這時同樣兩歲的艾瑞克走過來湊熱鬧。他顯然不知道發生了什麼事，看到小屋裡有人馬上就被吸引過去，不過他也同樣的被菲力和史蒂芬這兩個大男孩擋了下來：「不行！這是我們的。」

站在一旁觀察的我，極力克制自己想要過去幫忙的念頭。我提醒自己，只要雙方沒有大打出手，就盡量不要干涉孩子間的爭吵，同時也很好奇一向意志力堅強的艾瑞克會不會就此放棄。沒想到，十五分鐘後，沒有吵架，沒有肢體衝突，與里歐同年紀的艾瑞克開開心心地進入小屋，成功地與兩個公園裡的小霸王相抗衡。站在一旁從頭看到尾的我，總算有點心得。

如果發現孩子**常常被欺負**，
我們就要及早介入，避免情況惡化。

德國老師
這樣做

不過早涉入孩子紛爭，退一步觀察行為始末

還原一下十五分鐘前的情況。

當艾瑞克被兩位大男孩擋在門外的時候，跟先前里歐不一樣的地方是，他沒有太多情緒化的反應，也沒有立刻離開，過沒多久他把沙坑裡的玩具帶到屋子外頭玩，像是要菲力和史蒂芬兩人習慣他的存在似的，一個人待在屋子外玩。

過了一陣子，不知哪來的想法，因為那間小屋兩側各有一扇窗戶，他先跑到窗戶旁，對著裡面的菲力和史蒂芬兩個人拉長了嗓子喊著：「哈……囉！」當屋子裡的兩人回過頭去，他又立刻跑到另外一扇窗戶外喊叫，像玩躲貓貓似的，來來回回繞了好幾次，兩位大男孩也開始覺得很有趣，在小屋子裡來回追著跑，跑著跑著就追到外頭來。艾瑞克機靈地溜進小屋裡，又趕快跑出來，三個人追來追去，這時剛剛劍拔弩張的對立氣氛已經消失不見，三個人很快地就在小屋裡玩在一塊了。

我從旁觀察整個過程後，在心裡歸納了幾個重點，回到幼兒園後跟幾位德國

老師討論今天在公園裡的狀況。

「**這年紀的小孩很常認為東西都是自己的，或是你不准跟我玩之類的，這是否構成霸凌，需要再觀察。**」安妮老師聽了我的描述後說：「但如果妳已經發現里歐常常成為被欺負的對象，我們就要及早介入，避免情況惡化。」

「我知道，所以覺得有必要大家一起討論對策。」我接著問：「同樣的情況，艾瑞克卻成功化解了衝突，你們覺得原因是什麼？」

「他的反應。」另一個艾拉老師說道：「他沒有尖叫大哭或是屈服於有力量的一方轉身離開，他留下來了，就算是待在屋子外面玩，但是他的平靜情緒讓另一方沒有勝利的感覺，這就不會強化對方想要霸凌的想法。」

「他也沒有強行闖入小屋，否則很可能會使對立的情況更加惡化，而演變成肢體衝突。對方是兩位個頭高他一截的大男孩，捍衛自己之前也要懂得適度保護自己。」我說。

「就算他贏了，這也不是孩子們應該學到解決問題的方式。」艾拉接著說：

「總不可能每次遇到同樣狀況都來打一架吧。」

「沒錯，面對衝突，教孩子以牙還牙絕對不是最好的辦法。」我補充說道：

面對衝突時，孩子沒有尖叫或大哭，
讓另一方沒有勝利的感覺，
就不會強化對方想要霸凌的想法。

「我們若希望創造一個沒有暴力的環境給孩子，就不應該告訴孩子以相同錯誤的方式回應。」

「我同意。」安妮對著我說：「處理孩子的霸凌問題，大人不能跟著情緒化。凱特前一天的做法很正確，她讓菲力明白他的行為是不對的，也沒有以威權去喝止他，而是藉由問答的方式使他明白，公園是屬於大家的。**老師先在一旁觀察事情發生的緣由很重要，我們也不可能完全一對一的保護孩子，他終究必須學會為自己挺身而出。**」

全體討論過後，我們很快地告知里歐父母事情的始末，也向他們說明我們已經告知其他孩子的家長，請他們留意孩子的行為，里歐父母的回應很平和，他們表示會加強孩子的情緒教育，也會多安排活動讓里歐習慣如何在大團體和其他孩子相處。出乎我意料之外的，他們絲毫沒有要怪罪對方家長的想法。我記得里歐的爸爸說了一段話：

「遊樂園和公園是屬於孩子的世界，那裡的遊戲規則常常並不是大人說了算，里歐不能一直害怕比他高大的孩子，他若不想接受別的孩子訂的規矩，就得找出方法來。」

德國父母
這樣想

鐵了心腸不出頭，孩子必須學會捍衛自己

後來幾次處理類似案例和德國家長溝通的過程中，我漸漸發現這樣的想法其實與多數的德國家長無異，但這不表示他們漠視孩子受到欺負。他們內心固然很掙扎要不要從中介入，多數的爸媽最後都只會提供幾個建議給孩子，讓孩子自己決定該如何處理。

德國人堅信孩子必須具備自信心和良好的社交能力，才足以應付各種不同形態的霸凌。他們認為應該放手讓孩子去學習如何巧妙的解決衝突，而不是教孩子以相同的暴力方式回應。家長如果只告訴孩子被欺負時要還擊，對幼兒園學齡的孩子來說，就缺乏練習以更理性安全的方式來避免爭執。爸媽原本希望孩子自我防衛的原意，反而容易讓孩子錯誤解讀成「拳頭大才是硬道理」，也可能會因為缺乏判讀情勢的能力，身陷危險中而不自覺。

當孩子在為了搶玩具或遊樂設施而互相推擠時，德國人會避免過早介入孩子間的爭執。他們選擇先在一旁觀察一陣子，讓孩子自己學會判斷情況，做出反

德國人避免過早介入孩子間的爭執，會先觀察一陣子，
讓孩子自己學會判斷情況，做出反應，
練習用言語和態度來代替拳頭。

應，練習用言語和態度來代替拳頭。

有些孩子從一開始玩具被搶走會哭哭啼啼，進步到會拿別的玩具企圖以較文明的方式來「以物易物」，或是被攻擊時會反推回去大聲說「Stop!」。從互動過程中，孩子會慢慢發現，有很多方式比邊打邊哭更有效；試著以堅定的口氣制止對方的行為時，其實正是向霸凌的一方釋出「我並不怕你」的訊息，而大聲喝止也可趁機讓在附近的老師或大人聽到來注意狀況，避免衝突升高。

大部分德國父母會做的，是多帶領孩子去參與不同的課程活動，讓他們有更多的機會去練習與其他孩子的社交互動能力。他們也會在家裡演練可能的霸凌場景或對話，一步步幫孩子釐清過程中是否有更好的對應方法，面對惡意的言語攻擊時，如何以幽默感化解，但絕對不會在知道孩子受到欺負了就立刻氣急敗壞的要對方家長負責。其中也發生過幾位大孩子哭著要求爸媽去找欺負他們的孩子理論，這種情形下多數的德國爸媽都會拒絕，他們只會給予建議並引導孩子找出方法解決。

「我可以幫忙你一起找出方法來，但是我無法代替你去解決問題。」是德國人在面對兒童霸凌問題時的鐵血教育。他們固然會請老師從旁協助孩子面對問題，卻鐵了心腸不替孩子出頭。

如此堅持不干涉「屬於孩子世界的遊戲規則」，其實是深切的希望孩子可以鍛煉出「生存本能」，因為他們很清楚霸凌的現象絕對不會只出現在幼兒園裡，往後在學校，在職場，在以各種形式存在的人際網絡中都冷不防會發生類似的事件，**若爸媽沒有讓年幼的孩子累積處理人際關係衝突的經驗，往後被霸凌的強度和頻率就可能會增加，因此與其去要求別人「孔融讓梨」，不如讓孩子學會如何捍衛自己。**

陪伴孩子走過這個困難的階段，讓他們明白在人際關係中需要尊重他人的底線，而自己的底線也不應該被無故踐踏。同時耐心的解釋，爸媽不直接介入調解並不是因為不關心，正是因為清楚唯有孩子自己正面擊破衝突的困境，惡夢才不會一再重演。

面對衝突時，有的孩子會拿玩具企圖以文明的方式「以物易物」，或是被攻擊時，會反推回去大聲說「Stop！」……
孩子會慢慢發現，**有很多方式比邊打邊哭更有效！**

孩子的發言權&社交自信

——鼓勵孩子用自己的方式和世界對話，培養獨立思考的能力

家中有親友來訪，
大孩子可能會客客氣氣地問好，
年紀小的會躲在爸媽身後，然後
在巧妙的時間點尿遁離開。

VS.

我的家人不會說德語，
德國小男孩的英文也有限，
但他有問有答，
偶爾我們用中文交談，他也一臉好
奇，全然不覺得尷尬……

某個炎熱的夏日，我穿著一身簡便的上衣加上牛仔褲就去上班。吃早餐時，班上三歲大的喬納生突然說：「蝴蝶。那個是蝴蝶。」

我心想教室裡哪來的蝴蝶，不解地問他：「哪裡有蝴蝶？窗子外面嗎？」

只見喬納生搖搖頭回我說：「在妳衣服上的是蝴蝶。」

我低下頭看著自己身上的衣服，發現喬納生指的是我上衣的蝙蝠俠圖案。我一秒噴笑了出來，心想也沒必要解釋他眼中的蝴蝶其實是蝙蝠來著。

這樣的事時常都會發生。有一回我給孩子們說故事，故事書裡面出現土星的

圖案，當時喬納生也很快地指著土星說：「這是奶嘴。」土星美麗的行星環，乍看之下真有點像奶嘴，看喬納生說得那麼肯定，我也樂見他天馬行空的想像。

德國老師
這樣做

教育指南第一條：不要指導孩子該怎麼看這個世界

所有在德國漢堡幼兒園工作的幼教老師，都看過市政府發下來的教育指南手冊。裡面列載著大大小小的注意事項，而翻開冊子的第一條，就是不要去指導孩子該怎麼看這個世界。

每一個成人（當然也包括老師）對事物的看法，都是根據自身的生活經驗所累積而成的。這當中或多或少會有個人偏頗的主觀想法，所以很多事不是可以片面地斷論黑白對錯。而把個人主觀的意見強加在幼齡孩子身上，不僅局限了孩子們的視野，更無法稱之為學前教育。

正因為如此，德國學前教育，傾向讓孩子發揮他們的想像，以豐富他們的生活經驗來尋找各種事物的答案。**這階段孩子的學習生活是著重其想像力和創造力的發展，所以家長最好不要框限孩子的思維方式。相反的，應該創造一個可以雙**

德國學前教育，
傾向**讓孩子發揮他們的想像**，
以豐富他們的生活經驗來尋找各種事物的答案。

向自由對話的空間，讓孩子練習表述，來拓寬自己的思路。

從另一方面來說，德國人認為在幼兒時期不停灌輸大量地智識是一點意義也沒有的。所有強學強記的知識不僅僅最後可能會忘得一乾二淨，而理應被激發的能力卻可能因錯誤的教育方向而被破壞殆盡。所有的德國的幼教老師都明白這個道理。因此除了基本生活自理能力，從不會強逼著孩子去學任何他不想學的東西，也不會糾正孩子各種天馬行空的說法。

舉例來說，有些剛開始學會說話的孩子，一整天會興奮的吱吱喳喳地說個不停，像是想把腦中所學的字彙一次用盡，所以，語句內容並不一定能合乎邏輯或現實，我們班上的史蒂芬就是其中一個。他每個星期一來到幼兒園都會帶著新故事。有時候他會說爸爸駕著火箭帶他和媽媽去倫敦，遇見了什麼好玩的事。我們也會順著他的情節走，全班來一場想像力大冒險。

記得有回聖誕假期剛結束，開學日第一天，德國老師問班上孩子得到了什麼聖誕禮物。

班上五歲的艾琳很快地舉起手：「我得到了一個洋娃娃的房子！是我最想要

的禮物！」

德國老師微微一笑地問：「這麼棒的禮物！是誰送給妳的呢？」

「是聖誕老人！」五歲的艾琳眼裡彷彿閃著光，開心地說著。

「根本就沒有聖誕老人！」已經六歲、即將要上小學的盧卡斯冷冷地說。

「有！我有看過！」艾琳反駁回了這麼一句。

「怎麼可能？妳在哪裡看到的？」盧卡斯問。

「我在我外婆家有看到啊！聖誕老人有送禮物給我。」（在德國某些鄉鎮會特別請人扮聖誕老人逐家拜訪、送禮物給小孩。）

「那是大人假扮的，真的聖誕老人是不會按門鈴去妳家的啦，他得從煙囪上滑下去。」

「聖誕老人已經快沒有時間了，才會按門鈴，他有很多禮物要趕快送完！」

聽到孩子間的對話，一旁的老師都開心地笑了，但這時誰也沒有想要當個仲裁者去論個對錯。在德國幼兒園的課堂上，老師往往不給一個標準答案，因為角度不同，看到的答案也就不同，只要能說出自己的理由，就沒人能說你一定錯！

對於這個世界，孩子也有他們的發言權。孩子對這世界的理解，不應該只建

孩子對世界的理解，不應建立在大人給予的觀念，

失去發言權的孩子，

得花更長的時間體認到自己其實是獨立的個體。

立在大人給予的觀念，因為失去發言權的孩子，往往得花更長的時間體認到自己其實是獨立的個體。

德國老師這樣做

孩子的意見都會被認真聆聽，而不只是形式上的開明

我們不難看到台灣的小孩，面對家中有親友來訪，大一點的孩子可能會客客氣氣地問好，年紀小的則會躲在爸媽身後，然後在巧妙的時間點尿遁離開。然而，德國的小孩面對這樣的社交場合，卻從容大方得讓人驚艷。

有一回，台灣家人來德國找我，住在離我家不遠的鄰家小男孩看到我來自台灣的家人，很親切地主動跑來問候，那時我們買了下午茶的蛋糕正要回家，我於是邀請他來我家一起享用。這小男孩大概六七歲左右，打了電話跟媽媽報備後，隨即跟我們一起上樓。這個下午茶成員組合就意外的多了一個小男孩。家人不會說德語，小男孩的英文也有限，但在時而空白的零星對話中，他卻全然不覺得尷尬，他有問有答，偶爾我們用中文交談時也一臉好奇的看著我們。小男孩吃完蛋糕閒聊一陣後，就按照跟媽媽的約定準時回家。他離開後，台灣的家人都感到非

常驚訝，原來大家所說的外國小孩相當獨立自主是這麼一回事。

「這一切的養成都在學前教育裡。」我回答。

看到長輩就想躲的台灣小孩，和主動接近大人的德國小孩，究竟是什麼關鍵的因素造成如此大的差異？

台灣教育體制上為了便於管教而不鼓勵孩子有太多「自己的聲音」，由上而下的權威領導還是目前教育主流方法，孩子看到大人當然能躲就躲，加入大人們的討論話題，等於是自己找麻煩。

而從小就被鼓勵表達看法的德國小孩，這樣的社交場合就如同日常的對話一般自然，畢竟在德國沒有「大人講話小孩別插嘴」這道理。只要你想加入討論，不管在學校家裡，任何人都有權利拿到麥克風表達意見。

德國小孩不只是擁有表達的權利，更重要的是，所說的意見都會被認真聆聽而不流於形式上的開明。

德國幼兒園裡，日常作息還是會有固定的時間，小孩子在園所內也有必須遵守的規定。不過大致上，不需要管理「班級秩序」，安靜乖巧在這裡不會等同於一個優點。課堂時間裡，不管玩黏土，做美術勞作或甚至上瑜珈課，孩子在整個

在德國幼兒園的課堂上，老師往往不給一個標準答案，
因為角度不同，看到的答案也就不同，
只要能說出自己的理由，就沒人能說你一定錯！

活動過程中，都是角色平等的參與者，不是老師說學生跟著做，而是一起討論一起完成。

不僅如此，德國某些幼兒園甚至設有兒童議會（Kinderparlament）的制度，讓孩子去從小練習如何遵守秩序且有禮貌地表達意見。這其實和台灣國中、高中和大學裡的學生會很雷同，只不過德國人更早訓練孩子的口語表達和思辨能力，讓孩子學習去傾聽和尊重不同意見的表達權利。孩子能藉此瞭解自己也有抱怨的權利，因為老師也會犯錯，所以當孩子無法認同老師的某些做法的時候，兒童議會便是一個替自己發聲的管道。

兒童議會的機制多半落實在有許多分校的大型連鎖幼兒園，每間分校由孩子自行決定該校代表，然後每月一次進行議事討論。舉例來說，幼兒園的孩子可能會對「要不要睡午覺？」這件事有兩派看法，這時就可以藉由兒童議會的方式來弭平歧見。

「這方法真的行得通嗎？」有一次我好奇地問了另一位德國幼教老師，她任職的幼兒園就有兒童議會的意見參與制度。

她笑了笑，回答說：「老實說，孩子們的意見常常有執行上的困難，對事情的處理方式也沒辦法像大人那麼思慮周全。**不過設立兒童議會的真正意義，並不是要單靠孩子的力量解決所有問題，而是鼓勵孩子表達自己的聲音，同時試著從另一個角度明白別人的不同觀點，接不接受都應該要說得出理由，用論辯的方式去活化孩子的思考。**」

台灣傳統的教育思維常常希望孩子成為乖乖聽話的好學生，很多孩子已經習慣無意識的被餵養資訊，卻不被鼓勵提出質疑，這樣的教育模式往往局限孩子的視野，也間接影響孩子凡事只依循標準路徑找答案。

德國人卻認為，以學習這一面向來說，不聽話的學生，反而可能學得更好！因為學習的能量來自於一再探究問題的根本，而藉由和不同思考模式的相互撞擊，會幫助孩子拓寬自己的思想脈絡。他們相信，找答案的過程，往往比找到答案本身更具意義，因為孩子會記得摸索過程中的每一步，而這樣的歷程可以帶領他們找到更多問題的答案。

所以，如果孩子有話要說，不管論述內容的深淺，都應該鼓勵孩子表達，讓他們用自己的語言，跟世界對話，藉由自由對話的練習，逐步形成自己獨立思考的能力。

德國人相信，**找答案的過程**，
往往比找到答案本身更具意義，
因為孩子會記得摸索過程中的每一步。

生命教育＆愛與付出

——愛是重要能力，無處不在的生命教育

每學期幾次戶外教學，
帶孩子逛逛植物園或
看看動物圖鑑……

vs.

德國幼兒園從花園菜圃、
大水族箱或養殖箱，
營造充滿生命力的學習空間，
喚醒孩子對自然的感受力。

德國的幼兒園，除了基本知識和各種自理能力的養成，也是一個讓孩子學習「平衡過生活」和如何「與大自然和平共處」的成長園地。

不只很多的幼兒園都有花園或草坪讓孩子能夠活動奔跑，還飼養許多像熱帶魚、鬣蜥、天竺鼠、兔子等在德國幼兒園常見的小動物。

一向重視動物福利和生命教育的德國人，認為讓孩子從小多與動植物相處和親近大自然，能幫助他們找到自己與大自然的連結，瞭解萬物各有其生存之道，學習去尊重生命和愛護環境，因為每個人皆是大自然裡的一環。

在我們幼兒園的花園裡，除了種有每個孩子自行挑選的小花盆栽，另外還種植了番茄、藍莓、草莓和熊蔥等不同蔬果，讓孩子近距離觀察其生長變化。

每天早上，當孩子們去幫自己的盆栽澆水的時候，就會順便看一下另一頭的草莓或番茄色澤轉紅了沒有，或是否又新長了幾顆果實，然後興奮地跑進教室和老師們報告最新進度。

想當然，花園裡的蔬果產量不夠供給全部幼兒園的孩子們吃，所以通常會請孩子把成熟的果實摘下來，然後由老師打成草莓優格或做成番茄沙拉；熊蔥則會切細後灑在濃湯裡或是塗滿起士的麵包上。孩子們吃著自己採摘下來植物做成的小餐點都十分滿足。最有趣的是，可能因為是親自種植採收的蔬果讓孩子覺得格外親切，幾個之前挑嘴不吃番茄的孩子竟然變得不那麼抗拒了。

而幼兒園裡的大水族箱，更是所有孩子的心靈的撫慰大師。特別是剛加入幼兒園不久的新生，因為年紀還小，入園初期常常會因分離焦慮而哭個不停，這時如果把新生帶去大水族箱前看著熱帶魚一派悠閒的泅泳於水中，往往成了能夠一秒止哭的神奇妙招。

很多孩子早上進入教室的第一件事就是，來跟魚寶貝們打招呼，然後跟老師

德國幼兒園除了基本知識和各種自理能力的養成，
也是讓孩子**學習「平衡過生活」**
和如何「與大自然和平共處」的成長園地。

們要魚飼料來餵食，由於幼兒園會定期請專人來清潔水族箱的青苔並換水，或是進行水草修剪，這時孩子們總是好奇地跟前跟後想一探究竟，看看這次水族箱裡會不會又多了幾位新成員。

一開始，幼齡的孩子可能因為太興奮，會不斷用力拍打水族箱或是用力搖晃裡面有昆蟲的養殖箱，而花園裡尚未成熟的花草和蔬果，也因為過度頻繁地「探訪」與拉扯，常見被拽斷的莖蔓和青綠果實掉滿地。老師們必須花時間慢慢教會孩子，每個動植物所需的生長要素和照顧方法，透過日積月累地觀察和學習，孩子會找到和植物、動物正確共處的方式，瞭解人與環境共生共存的關係。

從幼兒園入口的花園，到進入園所裡的大水族箱或養殖箱，**德國人的生命教育，並不是只是帶著孩子逛逛植物園或看看動物圖鑑的學期活動，幼兒園用心營造了一個充滿生命力的學習空間來喚醒孩子對自然的感受能力。**

無形中，每日一點一滴地跟動植物共處的生活經驗，加深了孩子跟自然環境的情感依附，他們從結實纍纍的蕃茄和草莓中體會了盛夏的美好，而連續幾天午後的豪大雨將快要可以採收的蔬果泡爛在水裡時，從每個沮喪的小臉裡，我彷彿看見了他們心中對周遭環境的關懷意識也正在萌芽。

孩子早上進入教室的第一件事就是，
來跟魚寶貝們打招呼，然後跟老師們要魚飼料來餵食。
當孩子們去幫自己的盆栽澆水時，
會順便看一下另一頭的草莓或番茄色澤轉紅了沒有……

透過日積月累地觀察和學習，
孩子會找到和植物、動物正確共處的方式，
瞭解人與環境共生共存的關係。

這裡跟大家分享一個小故事。

幾年前，當時養的老狗哈帝生病了。我因為放心不下請了好幾天假在家照顧，後來覺得自己一直請假實在過意不去，便向學校遞了辭呈，想好好全心陪伴老狗的最後時光。學校當時替我想了很多辦法，甚至額外花錢請人代我的班，避免造成其他同事過多的工作負擔。我永遠忘不了，那時德國籍老闆握著我的手說：「凱特，如果妳願意的話，把哈帝一起帶來學校，妳可以就近照顧她。我們能理解的。」

哈帝是西伯利亞哈士奇，對幼兒園的孩子來說，是體型相對大的犬種，當老闆這樣對我說的時候，心中著實震了好大一下，因為這個選項從來沒有在我腦海中出現過，當時只覺得，辭職想照顧老狗的這個理由聽起來雖然牽強，卻也不想費神編撰一個冠冕堂皇的謊言。沒有想到，學校不但明白我的難處，還想盡辦法陪著我度過那段煎熬期，即使讓我帶著哈帝去幼兒園上班都沒問題。雖然幾經掙扎後，我選擇了留職停薪一年陪哈帝度過最後的日子，但這件事卻讓我十分感動，時至今日仍深刻記得。

對我而言，哈帝是我的家人，她老了病了，我照顧她責無旁貸，而在德國老闆的眼中的我，就是一個為了照顧家人心力交瘁的老師，需要學校的幫忙和體諒。家庭成員的重要性自然無法取代，不管是人是貓還是狗。

對德國人來說，養寵物從來不是圖個消遣，就如同愛護生態環境和善待動物不應該僅止於學期裡面的一個主題活動，紮實的生命教育必須從日常生活中去實踐它。

被束縛在鋼筋水泥林立的都市孩子，很難對於腳下的土地產生情感，所以德國人由營造環境開始，讓孩子習慣與自然共處，享受大自然裡的每個微妙時刻，用一顆柔軟心去珍惜愛護每一個生命。

德國老師
這樣做

愛小孩，也教他學會去愛

幼兒時期的學習主要是由感官經驗來明白抽象的概念。孩子們對於生命和愛的理解，通常來自於觀察和體會我們生活上的小舉動，每個親吻、擁抱、溫暖的微笑，都是向孩子傳達愛的訊息。

德國學前教育裡，讓學齡前的孩子去領略生命與愛的意義，遠比搞懂根莖葉

幼兒時期的學習
主要由感官經驗來學會抽象的概念。

的構造或動物界的分類更為重要。

透過每天照顧花草和小動物，知道因為浸水泡爛的根葉必須修剪，不能忘了餵飼料，不然小動物會肚子餓。孩子必須自發地懂得愛與關懷他人，才能真正體會父母給予的愛有多珍貴。

幼齡孩子以自我為中心是發展階段中很普遍的現象，就像孩子渴了會找人討水喝。但他們通常不會想到是否身邊的人也口渴了，因為**關心他人和愛的能力並非與生俱來，父母必須引導孩子去體會他人的感受，培養孩子的同理心，讓孩子懂得除了滿足自身需求外，也同樣要關心愛護自己之外的事物。**

舉個簡單引導孩子的例子。幼兒園偶爾有分組活動，我們會帶幾個大一點的孩子搭公車或地鐵去附近的市集走走晃晃。偌大的市集裡有很多的小攤子，除了一些手工藝品，更多的是琳琅滿目的水果攤或麵包攤，通常這時候我們會趁機讓孩子自己挑選幾樣麵包和水果當作當天下午的點心。

德國老師艾拉帶著孩子走到一個麵包攤前面停下來，轉過身問孩子們想不想買點麵包待會帶回幼兒園吃，四五個孩子開心的猛點頭說好，然後開始七嘴八舌地指著自己想要的麵包。

「我想要奶油麵包！」

「艾拉，我可以選那個上面有葡萄乾的嗎？」

等到幾個孩子選好自己要吃的麵包，艾拉突然數了一下麵包的數量，接著問孩子們：「我們現在一共買了六個麵包，但是下午還有哪些小朋友會留下來吃點心？」

頓時幾個大孩子又是一陣七嘴八舌地討論，我發現他們很自然都最先提到跟自己常玩在一塊的好朋友。

艾拉於是反問：「對啊，還有這麼多小朋友要留下來吃點心，我們只帶回去六個麵包，這樣夠嗎？還是要讓其他小朋友餓肚子？」

孩子們全體一致搖搖頭。艾拉微微一笑，然後便請每個孩子幫班上的其他小朋友挑選他們可能會喜歡的麵包。回到幼兒園後，艾拉也告訴孩子們，這些麵包是幾位去市集的大孩子們為全班精心挑選的。

倘若在市集買麵包時，艾拉只讓每個孩子只挑選自己的麵包，然後再隨手買了十來個麵包給班上未隨行的孩子，當然省事很多，但是如此一來，**孩子的眼光只會聚焦在「我要的」，不會想到其他人可能的需要。久而久之，孩子容易將他**

孩子對生命和愛的理解來自生活上的小舉動，
每個親吻、擁抱、溫暖的微笑……
都是向孩子傳達愛的訊息。

人的付出視為當然，只拋出自己的需求，卻不懂得如何回饋。

因此，父母需要做的，就是讓孩子練習在想到自己之後，也能夠想到別人。三歲以下的孩子可以透過照顧嬰兒玩偶來培養同理心；而大一點的孩子，就透過討論讓孩子練習察覺到他人的不同情緒，慢慢帶領孩子跳脫從凡事只想到自己，擴大到關心身邊周遭的每一個人。

責任感＆做好該做的事

——從小開始以讚美鼓勵，強化孩子的責任心

「我不要收拼圖。我要回家。」
里昂淚眼汪汪地仰頭望向爸爸，
希望從爸爸那裡得到特赦令。

vs.

爸爸側著頭看著他，
不疾不徐的說了句：
「不然爸爸先去停車，
等你把拼圖收好我再來接你。」

吃完早餐後，一歲半的艾諾的水杯疊在餐盤上，一路搖搖晃晃地將餐盤放上一旁的桌上收拾好，因為餐盤拿得有點傾斜，還掉了幾個起士塊在地上，艾諾收拾完走回座位坐好後，接著換下一個小孩重複上述的動作……此時，如果有小孩沒有收拾好就離開座位，馬上會被老師請回來收完再走，久而久之，即使沒有人主動提醒，孩子們都知道用餐完畢後，收拾餐盤是自己的工作。

在德國幼兒園裡，老師們會根據孩子的年紀決定孩子要負責任的事項。

年紀小的孩子從餐後自己收拾盤子水杯，收拾玩具開始做起；三歲以上的，

德國老師鼓勵孩子共同維持教室整潔，
會根據孩子的年紀決定負責的工作，
年紀小收拾自己的盤子水杯，三歲以上擺餐具、擦桌子……

除了上述事項，會開始讓他們練習擺餐具，擦桌子，還有整理自己的備用物品。

德國人很清楚，想讓孩子養成負責任的態度，要有滴水穿石的毅力和耐心。當父母或老師決定好哪些是孩子份內自己應該完成的事項，堅守原則是第一要件，不能輕易因為外在因素，一再的破例或是幫孩子完成。德國幼教老師便從孩子還小的時候鼓勵他們一起維持教室整潔，來激發孩子的責任心。

德國老師這樣做

孩子幫倒忙時，以鼓勵「做到」代替責怪「做錯」的地方

通常孩子吃完午飯後，幾個不想午睡的大孩子就會坐在角落讀自己喜歡的書，老師們則會趁孩子的午休時間稍微整理一下環境。

有一次，三歲的史蒂芬看到尤拉老師正在掃地，他自告奮勇地跑過來想要幫忙，尤拉想了一下說好，隨即遞給史蒂芬一個比他身高還長上一截的掃把，然後繼續掃地。我在一旁整理等一下開會要用的資料，一邊打趣的側瞄著史蒂芬到底會不會掃地。很顯然的，他清掃的動作比較像是在刷地，紙屑灰塵反而被刷散到四處，地板看起來更髒了。

尤拉這時轉過頭來看看史蒂芬的打掃進展如何。只見她笑了一下，說：「史蒂芬，你有注意把桌子底下的紙屑掃出來，太謝謝你了！現在你可以把它們全部集中掃在一塊嗎？像這樣子……」尤拉拿著手上的掃把示範了一遍。

史蒂芬的小臉笑咪咪地看著尤拉，幹勁十足地說：「好！」

從那天起，史蒂芬便常常主動跟著我們一起打掃教室，掃地、拖地、擦桌子等等，開開心心地分擔起部分的工作，好幾次有其他的孩子也想跟著做，他會急著說：「那是我的工作。」

希望孩子主動負起責任，就要趁他們還小，喜歡以做家事來證明自己已經有足夠的能力跟大人做一樣的事情時，藉著鼓勵和讚美，強化他們的想要主動分擔家事的動力。

即使孩子真的越幫越忙，一開始打破碗、地板太溼、桌子沒擦乾淨……都千萬得忍住不要指責孩子說：「為什麼你那麼不小心？」或是「桌子你擦不乾淨，爸爸／媽媽自己來就好了。」因為**孩子若一再被糾正，就會澆熄原本樂於參與的熱情，而幫忙做家事得到的如果是挫敗感而不是長大的證明，自然會越來越不想主動參與。**

希望孩子主動負起責任，要趁他們還小

喜歡以做家事證明自己有能力時，

藉著鼓勵和讚美強化動力。

而難度高的家事，父母可以將內容分工，讓孩子分擔相對簡單的工作，先正面肯定孩子做得好的部分，再耐心引導孩子如何做得更正確。

父母常常感到不解的是，孩子還小的時候都很喜歡跟著爸媽一起做家事，想要洗碗，想要幫忙洗菜，但是後來孩子越大反而越被動，真的到了應該分擔家事的年紀，卻怎麼叫都叫不動！

正因為責任感是一種態度，需要靠長時間來養成，所以更要把握好幼齡孩子想做家事的時機，讓他們從喜歡做、習慣做，內化成認為這是自己「應該做」的事情。所以父母千萬不要家事一肩扛，等到孩子上國小甚至國中覺得他們夠大了，才開始要求他們分擔家事，因為孩子就算此時能力足夠，也沒有心想做了。在他們的認知中，早已經將做家事歸類於爸媽的事，爸媽希望孩子能自發地去做，就更加困難。

幼齡的孩子會藉由分擔家事，體認到自己是的家庭的一員，也能更體會到爸媽做家事的辛勞。家事就是應該是全家人的一起做的事，不管是擦桌子、整理書櫃、收拾玩具，從周遭環境開始，學習對自己負責。

德國父母
這樣想

讓孩子承擔行為的後果，不要輕易幫忙解套！

「里昂，爸爸來接你下課囉！」德國幼教老師安妮從教室門外探頭喊著。

「爸爸！爸爸來接我了！」正在桌上玩拼圖的里昂頓時高興得跳了起來，立刻往教室外飛奔過去。

里昂爸爸站在走廊上跟老師安妮問了今天里昂的狀況，也一邊示意叫里昂換上外出鞋，今天晚上他們有家庭聚會趕著要赴約，因為一時找不到停車位，所以他把車子暫時停在幼兒園大門口外頭。

「鞋子換好了嗎？那我們要走囉！」里昂爸爸拿起包包正準備離開的時候，安妮老師突然問了里昂一句：「里昂，桌上的拼圖還散在那裡，請問你是不是應該把它放回盒子裡？」

站在一旁觀看的我，倒吸了一口氣，畢竟里昂爸爸前幾分鐘已經神色不安的確認著窗外暫停的車子，不禁很很好奇里昂爸爸會怎麼回應。

只見他愣了一下，轉身問里昂說：「你剛剛沒把拼圖收好就跑出來了嗎？」

難度高的家事，父母可以讓孩子分擔相對簡單的工作，
先正面肯定孩子做得好的部分，
再耐心引導孩子如何做更正確。

四歲的里昂怯怯地點了頭，身子藏在爸爸後面想撒嬌。

「那你現在趕快去把拼圖收一收吧，我在這裡等你。」里昂爸爸說道。

「我不要。我要回家。」里昂還是躲在爸爸身後，這情形看來是不想認帳。

「里昂，你知道自己拿出來的玩具離開前要物歸原處不是嗎？這樣下次你想玩的時候才找得到啊！」安妮蹲下身想開導里昂。

「不要！我不要！」里昂嘟起嘴，一臉氣呼呼的不想聽勸。

「請你把玩具收好再離開。」安妮也不為所動，她補充說：「爸爸的車不能在外面停太久，你如果還想玩一下拼圖，爸爸可能要先去停車再來接你回家，還是你要現在趕快收拾好馬上回家？」

里昂淚眼汪汪地仰著頭望向爸爸，彷彿是希望可以從爸爸那裡得到特赦令。爸爸這時只是側著頭看著他，不疾不徐的說了句：「趕快決定吧！不然爸爸先去停車，等你把拼圖收好我再來接你。」

里昂這下心裡清楚拼圖沒收好就沒辦法馬上回家，只好急著說：「爸爸等我一下！爸爸你要在這裡等我喔！」然後立刻跑進教室把桌上的拼圖收進紙盒裡，轉身再把盒子放回櫃子中之後，又迅速地跑出教室。

「收好了，我現在可以回家了。」里昂對著安妮和爸爸說。

安妮對著里昂爸爸笑了一下，然後揮手跟兩人說再見。

里昂爸爸做了個很好的示範。就算趕時間急著要離開，對於孩子應該自己完成的事情，就不能輕易妥協。如果因為趕著走，爸爸對老師安妮說：「不好意思，我們趕時間！下次我會請他收好再離開。」試圖幫孩子解套，幾次過後，里昂便知道當爸媽趕時間的時候，他很多事情都可以不用照著做，或是拖到被大人催著要做的時候再做就可以了，進而養成拖延的習慣。

要孩子增強責任感，除了在孩子完成份內的事情給予鼓勵讚美外，反之，當孩子拒絕負起責任時，也應該讓孩子清楚明白自己的決定會帶來什麼樣的結果。當老師和家長都釋出同樣訊息，里昂的腦中自然會剔除掉「哭鬧夠久就不用負責」或「爸媽會主動幫我排除麻煩」的選項，知道自己非負責不可。

孩子的責任心，不會一夕長大。幼齡的孩子，往往會有很多想做的事，父母若能從小鼓勵孩子負責一些能力所及的事情，讓他有參與感和成就感，並堅持原則，絕對比日後三催四請地要求孩子學會負責來得輕鬆。

對於孩子應該自己完成的事情，**不能輕易妥協**。
父母若試圖解套，孩子就會知道，
趕時間時，很多事可以不用照著做，或拖到最後再做……

犯錯與認錯&高 EQ 應對

──別讓孩子只記得你情緒失控，而不是他犯錯的行為

「我講了很多次不行，
孩子就是不聽話，
我能怎麼辦？」

VS.

每次孩子亂丟玩具或餐具時，
請他自己把丟的東西撿起來，
孩子便容易理解到「自己丟的還得自己撿」的行為後果。

有次，跟一位德國媽媽聊孩子的近況時，聊著聊著，這位媽媽突然頓了一下，苦笑的對我說：「凱特，妳知道嗎？為什麼從來沒有人跟我說養育孩子壓力這麼大？要應付數不清的麻煩事！」

當然這是有點自我解嘲的說法。我相信她在決定要生小孩之後，一定也跟大多數的媽媽一樣，做了很多的心理調適和育兒準備，全心全意想成為一個稱職的好媽媽。只是，為人父母要面對的挑戰何其多，特別是當孩子耍性子狂哭鬧，或不聽勸告、一再挑戰父母的底線時，要如何強壓怒火讓情緒不要暴衝，對很多人

來說，真的是說得比做得簡單。

德國老師這樣做

讓孩子體驗犯錯的後果，才能有效導正行為

即使是經歷豐富、耐心十足的德國幼教老師，也難免會有因為孩子各種不定時的狀況，被惡整得人仰馬翻的時候——當孩子說要上廁所，卻把整筒衛生紙塞進馬桶裡，馬桶因阻塞而使得整間廁所大淹水；當孩子把木質地板當作畫紙塗滿水彩顏料……以上種種時刻請你相信，德國人沒辦法依然優雅地讚美孩子太有創意了。他們通常只會閉上雙眼，嘆口氣說：「請告訴我這不是真的！」

對於孩子錯誤的行為，德國人當然會生氣，只是他們不會讓生氣的情緒過度外顯，除了不體罰、不大吼大叫的怒罵孩子，他們認為最重要的是必須讓孩子看到自己犯錯後的結果，才是有效導正孩子行為的方法。

不少父母會說：「我講了很多次不行，孩子就是不聽話，我能怎麼辦？」他們沒想過，也許正是因為他們說了太多次的「不行！」「不可以！」，所以孩子對這幾個字已經徹底免疫，完全無感。

正因為大人說了太多次的「不行！」「不可以！」
所以孩子對這幾個字已經**徹底免疫，完全無感**。

譬如說很多幼齡的孩子會有一個階段很喜歡亂丟東西，當爸媽對孩子說了好幾次「不可以亂丟！」幼齡的孩子可能還是無法直接從話語去理解為什麼不可以亂丟，這時如果爸媽換個方式，**每次孩子亂丟玩具或餐具時，請他自己把丟的東西撿起來，孩子便容易理解到「自己丟的還得自己撿」的行為後果，這會比說了無數次的「不可以」來得更有效。**

德國幼兒園裡，每個幼教老師都謹守這個大原則來糾正錯誤行為。孩子就是孩子，學習的過程中一定會有犯錯的時候，當大人口頭勸告「不可以」幾次，發現沒有用後，與其讓憤怒的情緒累積到沸點對著孩子拍桌大吼：「我說了幾次不可以，你聽不懂嗎？」不如換個方式讓孩子承擔行為後果，也讓自己的情緒緩衝一下。

舉一個幼兒園的實例來說，每天的音樂律動時間，我們都會放些孩子喜歡的音樂，讓孩子在教室裡隨興跳舞，對四歲以下愛跳愛動的孩子來說，這是他們最喜歡的室內活動之一。不過，常常音樂一放下去，孩子跳著跳著會興奮地開始追鬧起來，當然幼教老師都會告訴孩子在教室裡只能跳舞，不要互相追著跑，因為最後一定會有人跌倒大哭。

但是，總是會有那麼幾個孩子老是一玩就忘了教室裡的常規，又開始追鬧，這時候老師就會按下音樂停止鍵。孩子一聽到音樂停了，都會靜下來看發生什麼事。我們就會再說一次：「你可以跳舞，但是請不要跑，不然沒有音樂。」

幼教老師很清楚，「不行！」「不可以！」要是說得太頻繁就會失效，不如直接按下音樂的停止鍵，幾次下來孩子便會得出「我亂跑的話音樂會停止，活動就此結束」這樣的結論，便會減少重覆犯錯。

這樣的處罰方式對這年紀的孩子必須「快且短暫」，也就是說當孩子亂跑時，音樂必須馬上停止，卻也不能停止太久，因為你必須很快地給孩子一個能夠重新表現的機會，來幫助他們記得什麼樣的行為是正確的。

通常兩三次過後，孩子就會懂得必須遵守訂下的規矩。只是，有時孩子也會故意試探底線在哪裡，想知道自己有幾次被原諒的機會，這時大人必須視情況來決定當天要不要徹底停止活動，讓孩子學會自律。

與其對著孩子拍桌大吼，不如換個方式，

讓孩子承擔行為後果，

也讓自己的情緒緩衝一下。

德國老師這樣做

別打罵！否則孩子學到的是錯誤的情緒處理模式

反之，爸媽若常以打罵方式管教孩子，孩子往往會聚焦在爸媽的憤怒情緒，腦子裡只記得當時爸媽的表情看起來很嚇人，壓根兒忘了自己到底犯了什麼錯。

德國人認為，要改變孩子的錯誤行為，就不能以同樣錯誤的方式去強行壓迫孩子，**打罵教育也許當下可以制止孩子犯錯，無形中卻加深了孩子負面行為的強度，因為六歲以下的孩子隨時都在模仿爸媽的一言一行，當然也包括了他們在面對壓力時的情緒表達方式。**

有幾次我注意到班上一個三歲的孩子，只要一生氣就會拍桌子大吼，觀察了一陣後跟家長約談，才發現原來有時孩子頑皮，怎麼講都不聽時，爸爸就會拍打桌子、大聲訓斥想嚇嚇他，卻不知自己正做了情緒管理的負面示範。

因此，期待孩子有高情緒智商，爸媽在孩子犯錯時，不妨靜下心瞭解背後的原因和動機，先與孩子的感受同步，就能在孩子犯錯時，更有技巧的處理問題，殘不會被自身的情緒左右。

但這並不表示，身為爸媽就得隱忍自己內心已經快要失控的情緒海嘯。相反的，我們必須讓孩子知道爸媽也會有生氣的時候，孩子才能正視自己行為的對錯。此時，家長不妨以嚴肅地語氣向孩子說：「爸爸／媽媽現在真的非常生氣。」通常兩歲以上的孩子，已能從臉部表情和說話的口氣來辨別他人的情緒。

處理情緒的方式常常會成為一種習慣，看不過去就開罵，講不聽就打，一旦負面情緒已經會主動引發某個反射動作，父母自然很難理性教育孩子。

以情緒主導的教養方式，常常也會在孩子大了之後引起他們情緒化的反抗，所以**爸媽如果能夠以嚴肅且堅定的語氣向孩子表達自己的負面情緒，孩子便容易內化這套情緒管理模式，培養出面對高壓情境的應對能力。**

體罰，從來不應該是教育裡的一種手段

早在七〇年代，德國學校裡就已禁止使用體罰。西元二〇〇〇年，更以法律明文規定禁止家長對小孩使用體罰。在德國，對小孩使用暴力已經被視為是一種犯罪行為，老師會被即刻開除，一丁點轉圜空間都沒有。

有時孩子會故意試探底線，
想知道自己有幾次被原諒的機會，
大人可視情況決定要不要**徹底停止活動**。

我不贊成體罰的原因，倒不只是因為德國法律全面禁止教師和家長使用體罰，所以我不得不遵守法律，順著規定走。我不贊成體罰的原因，是因為，自己從學生到成為教師一路上徹底明白體罰的手段，以教養的長遠角度來看，不正確，也不怎麼有效。

在數十年前的那個時代，幾乎每個孩子都是被打到大的，比如說成績差、忘了帶課本、上課打磕睡等等各種理由都能被體罰。我算是一路叛逆到大的小孩。不只在家裡令爸媽頭疼，在學校也是問題學生。

體罰對我而言，只是一時的皮肉痛，忍一下就過去了，被打完我就是那種會轉過身對老師扮鬼臉的欠揍小屁孩。但事實上爸媽對我管教甚嚴，他們當時雖忙於工作，卻非常重視我們的教育，基本上是不會因為犯了小錯就亂打一通的明理父母，只有屢勸不聽，才會挨打。家裡的其他三個小孩，好像沒有一個像我這麼常挨打，這麼常被老師叫到訓導處。

記得小時候有次又惹媽媽生氣，挨了一頓打後，媽媽已經被我氣到不知道拿什麼方法制伏我的倔性，突然跑進房間然後把我的一些衣物丟進一個大手提袋，對著我說：「我管不動妳了，妳去找一個更好的媽媽吧。」

那時約略十歲不到的我，心裡感受到的不是害怕，而是孤單。我不想離開家啊！但是心裡這樣想的我，並沒有轉身跟媽媽道歉求饒，我一手拎著大包包，頭也不回地就離開。

說實話，我現在都還記得我當時腦海中閃過的各種念頭——不能回家的我該去哪睡才安全？肚子餓時要去哪裡可能要得到食物？倔強的我就是沒有想過，要回頭請求媽媽原諒，不是因為我不愛媽媽，而是我當時心裡認定媽媽是真的不想理我了。

忘了我一個人在天黑的道路走了多久，大概有半個小時吧。突然聽到一陣轟隆隆的摩托車聲，看到一臉擔憂的爸爸，靜靜地對我說：「妳真的打算不回家了？」我才知道原來爸爸到處在找我，我默默地上了摩托車跟著爸爸回家。

爸爸一進門就對著媽媽說：「找到了！」接著我看到媽媽哭腫的雙眼才明白，原來媽媽並沒有不要我。

在那之後，我挨打的次數明顯變少了，不是因為我一夜變乖，而是媽媽應該也明白打罵教育對我起不了什麼嚇阻效用。我們開始有家庭會議，爸媽的教養態度也漸趨柔軟，多溝通後爭執自然就變少了。雖然在學校的我依然常被處罰，但

爸媽若常以打罵的方式管教孩子，
孩子腦子裡只記得當時爸媽的表情看起來很嚇人，
壓根兒忘了自己到底犯了什麼錯。

爸媽因為愛我，所以在無計可施的時候，仍然願意不放棄地試圖找出方法、拉住那個桀驁不馴的我，也因此我沒有越走越偏。

有些人認為適度體罰如打手心或是青蛙跳是可以被接受的，因為孩子就是皮到講不聽，不打不會怕。我承認，體罰固然可能嚇阻孩子再度犯錯，但是對於部分個性特別倔強的孩子，體罰真的嚇唬不了他們，反而會造成反效果，因為嚇阻的強度會逐漸削弱，所以體罰並無法持續奏效。

爸媽可能還會發現孩子越打越不怕，這時標榜理性的「適度體罰」就很容易失去分寸，最糟的是，還會傷害親子關係，所以我反對體罰。

更常見的情況是，多數家長在開始體罰孩子之後，便很少會再重新思考是否還有其他的方法，可以幫助他們跟孩子找到彼此的連結，於是講了幾次不聽就體罰，而不想辦法換個方式管教，換個說法讓孩子聽得進去。

教育本來就是一條漫漫長路，想與孩子建立一個可以互信溝通的正向關係，必須從互相理解開始。

在台灣的執教生涯中，我曾經帶過好幾個不服管教、所謂行為偏差的問題學生，他們有的在課堂挑釁甚至辱罵老師，還有的會跟老師打架，每次教務主任跟我說這些學生可能要轉到我的班上來，請我先瞭解一下孩子之前的行為狀況，通常我都會說沒有必要，等孩子到我班上我就會明白了。

我盡量避免還沒見到孩子本人，就給孩子貼上標籤，我想以自己的觀察重新認識這個孩子，也讓孩子有機會去信任一個老師。也因此，這些孩子後來都跟我處得很好，學習的態度也變得積極。我堅持不體罰，因為我太清楚這些孩子絕對不怕打，就像小時候的我一樣。

從一次又一次的經驗中，我印證了一個信念，在處理孩子的行為問題前，我得先安撫好自己的情緒，把自己抽離傳統上對下的教養窠臼。設法跟孩子談，有機會就跟他們聊聊，不要等孩子犯錯才來說教。我試著走進孩子的內心底層去理解他們的行為。在跟學生互動中，我也認知到自己的思考死角，唯有這樣，才能找到機會，在他們偏離軌道之前，追上去，指引至正確的方向，而這過程中，師生彼此若沒有信任關係是絕對做不到的。

忙碌的現代家長最欠缺的就是時間，所以常期待能有一個快速奏效的方法來改變孩子的錯誤行為，體罰似乎成為一種必要之惡的教養手段。但我想說的是，**在教育的過程中不能貪圖捷徑，除了愛與瞭解，從來沒有萬靈丹。很多教養方式**

孩子兩歲後，已能從臉部表情和說話口氣辨別他人情緒，
記得以嚴肅地語氣說：「媽媽現在真的非常生氣。」
孩子才能正視自己行為的對錯。

不是沒有效，只是需要時間和耐心去看到改變。

用體罰去導正行為，似乎過度簡化孩子犯錯行為的原因，認為孩子就是不知道害怕才會再犯錯，長期下來反而會把親子關係關係逼進死胡同，因為多數人在體罰孩子的時候，很難不摻雜個人情緒，看著爸媽盛怒的臉，孩子怎麼能理解你是因為愛而打！

教育的目的之一，不就是讓孩子有探究問題核心的能力，自己找出解決方法來嗎？所以我很難認同，父母自己在找不出方法的時候，就可以以教養之名合理化自己的錯誤行為。在體罰孩子之前，不妨也停一停，想一想，以權威方式馴服孩子，實在不是教育該有的樣貌。

Part 3

茁壯！會玩才是真本事

德國幼兒園的日常規矩與作息

福祿貝爾深信，孩子需透過自外在世界的各項活動體驗去獲取各自需要的學習養分，並順應自身的成長步調，只要給予孩子自主的學習空間，以愛灌溉，每一顆小種子都會努力的發芽長大，綻放成一朵朵丰采各異的花兒。

德國Kindergarten，孩子們的祕密花園

「上課要認真喔！」
「要聽老師的話！」

vs.

所有的德國家長
在向孩子說再見時，
只會說一句「Viel Spaß！」，
要孩子們玩得快樂。

從孩子出生那一刻，我們無疑地會將心中所有情感匯流於這個小寶貝身上。看著他笑，我們比他更開心，他身體不適，整個世界頓時烏雲罩頂。偶爾，在經歷過那些沒日沒夜，犧牲睡眠和私人時間的育兒生活，會期盼那「解放日」的到來。然而，當孩子真正到了要上幼兒園的年紀，這一切卻感覺快得無法置信。這時，心中為孩子感到興奮的情緒逐漸移轉成不安，手中緊緊握住不放的小手，要脫離爸媽的保護羽翼，正式開始學習生活。

忙著開始找資料、看學校，甚至認真研讀不同教育流派的幼兒理念。那些學

校好像都大同小異，眼花撩亂的課表，看似密集而充實，似乎一秒鐘也沒浪費地學習。我們心中的疑慮卻揮不掉，人人說〇至六歲是教育的黃金期，所有關鍵的學習能力養成都會在此刻打下基礎。提前開跑學習讀寫、算術、拼音，也許能讓孩子更快銜接國小的課程，卻好像哪裡出了問題，我們不禁自問。

幼兒園＝專屬孩子培養創造力和想像力的成長花園

號稱全球典範的德國教育，以完整且獨樹一格的教育體系，由下而上壯大國家的競爭力。對於我們心中糾結不開的那個問題，德國幼教老師的回答是，**過早或過度地提早讓孩子學習讀寫，不給孩子充分的玩樂時間，會實質削減孩子往後一生的學習力。**

要認識德國的幼兒園的核心教育理念，就不能不提到德國的教育家福祿貝爾（Friedrich Froebel）。這位人稱幼兒園之父的教育家，將德文中的孩子（Kinder）和花園（Garten）兩詞相加，首創幼兒園（Kindergarten）的概念。從Kindergarten字面上的意義來看，不難瞭解福祿貝爾在創建第一所幼兒園的立意——一座專屬於

華德福幼兒園老師說：

「**在沒有足夠的生活學習經驗下**，

學到的知識都是死的，對孩子完全沒有意義。」

孩子們的花園，有隨風搖擺的可愛花朵與小草，孩子在大自然裡發現人事物的連結和奧妙，從探索和發現中，培養從無到有的創造力和想像力。

在福祿貝爾的眼中，每一個孩子就像一朵小花，有各自獨有的美麗樣貌、不同的生長週期，自然無法以同樣的養育方式對待。他深信孩子需要透過外在世界的各項活動體驗去獲取各自需要的學習養分，並順應自身的成長步調，只要給予孩子自主的學習空間，以愛灌溉，每一顆小種子都會努力的發芽長大，綻放成一朵朵手采各異的花兒。

而德國另一拓展快速的實驗教育體系華德福（Waldorf），主要教育理念也強調學前教育與大自然探索兩者關係密不可分。深信在野外，孩子們會有機會認識各種動植物，學會萬物間和諧共處之道。

尤其在〇至七歲這一階段，孩子必須有足夠的空間和自由遊戲時間去滿足各種感官需求。因為這年紀的孩子是用感官去學習，而非以大腦強記。所以每一天他們都需要在戶外做大量的肢體運動，來強化身體和意志力。

在華德福幼兒園工作的德國幼教老師荷孟娜告訴我，她每天都一定得帶替換的衣物去上班，因為不論天氣多惡劣，都得徒步帶著孩子在野外活動，用餐時間到就隨處席地而坐，大一點的孩子們甚至有機會在戶外學習用鋸子、美工削刀等各種工具來玩木作。有時也配合節慶做主題教學，例如秋天一到老師們便會帶著孩子沿路撿松果、栗子和落葉來當美勞素材。

「下班的時候，衣服常常髒得像從泥地裡滾過一般。」她笑著說。

當我告訴她台灣大多數的幼兒園仍然無法跳脫課堂的制式學習，一天下來又要學美語、學拼音，有的幼兒園還有安排電腦課程。她瞪大了眼，一副不可思議的樣子說：「順序錯了吧？孩子都還沒能摸清自己的能力興趣呢！他們應該先從生活中的每一件小事開始學起，瞭解人和自然之間的關係，因為在沒有足夠的生活學習經驗下，學到的知識都是死的，對孩子完全沒有意義。」

所有的德國幼兒園的課程設計，不管公立私立，德語幼兒園或雙語幼兒園[1]都涵括福祿貝爾和華德福部分的教育理念，最大的相同點就是認為**對學齡前〇至六歲的孩子來說，戶外的自由玩樂時間是激發學習能力的關鍵，童年沒玩到就**

1 在德國的雙語幼兒園並不單指英文／德文，以漢堡市為例，還有中文／德文、西班牙／德文，挪威文／德文等多元的雙語幼兒園。

德國幼兒園所有學習活動都是在

「**幼兒主導**」和「**自由玩樂模式**」下進行。

沒有辦法真正建構日後需要的的學習力。儘管不同幼兒園的經營理念不盡相同，但幾乎所有學習活動都在「幼兒主導」和「自由玩樂模式」兩大架構下進行。也因此，進入德國幼兒園不需要買書包制服，孩子們不學讀寫，沒有課本習作，更遑論給幼齡孩子出回家功課了。

德國父母這樣想

不是叮嚀孩子「上課要認真！」而是「要玩得快樂！」

德國幼兒園的一天通常是這樣開始的。

德國爸媽在上班前會把孩子送到幼兒園。小孩揹著自己的後背包，蹦蹦跳跳地走進幼兒園。孩子們換上室內鞋後，迫不及待開心地跟著幼教老師跑進園所。

有些年紀較小的孩子就需要長一點的「暖身時間」，一開始會賴在爸媽懷裡不想進園。爸媽又親又抱安撫著小寶貝一會兒，發現效果不大之後，人高馬大的德國家長會使出大絕招「小飛機」，兩手一抓舉起小孩來：「你看你看！你是小飛機，要飛進Kita（幼兒園）囉！」嘴裡一邊模仿飛機引擎發出轟隆隆的聲響。這一招使出來，幾乎所有在半路中經歷過幾波「情緒亂流」的小孩，都會快樂地安

戶外探險是德國學前教育每天的重頭戲。

除非是下暴雨或零下十度大風雪的壞天氣，
否則就算是下雨天，
孩子們穿上雨靴雨衣，也照樣出門探險去。

全降落在幼兒園的停機坪上。

不同於台灣爸媽耳提面命地叮嚀著小孩「上課要認真喔！」或「要聽老師的話！」所有的德國家長在向孩子說再見時，只會說一句「Viel Spaß!」，要孩子們玩得快樂。**德國父母相信，好好玩、認真玩，最好玩到精疲力盡一身泥濘地回家，才能算是豐收的一天。**

對於三歲到六歲的大孩子，由於他們已經能夠完整地表達自己的想法，很多德國父母都會在說再見之前，詢問孩子今天想要在幼兒園待多久。

「尼克，今天一樣是下午三點來接你嗎？你想要玩到幾點呢？」

「媽媽妳等到下午的音樂唱跳時間結束後再來接我回家好了。」

這樣的對話不時出現在早上孩子們抵達幼兒園的時候。

德國家長認為，孩子大了之後就得慢慢放手，多給孩子做決定的機會。特別是在學前教育這階段，本著以孩子導向的教育信念，所以很多父母，都會讓孩子參與一些幼兒園學習生活上的決定。

早餐用畢的時間大約落在九點半。吃完早餐的孩子們會自動自發地自己收拾餐盒、餐具，之後隨即到音樂教室開始晨間律動。這時所有幼教老師和小孩會圍成一個大圓圈坐下來，互道早安後，會彈吉他的幼教老師通常會把吉他拿出來，問孩子們今天想唱些什麼歌，或聽什麼手指謠。會唱的大孩子跟著唱，還不會唱的就手跟著打拍子做動作。孩子們若不想唱了，提前結束也行。

接下來孩子會決定今天自己想參與的活動。想去戶外探險的孩子會自己跑去換外出服，而留在室內的孩子則有玩黏土、畫水彩或者玩拼圖等不同選擇。所有的學習活動都進行得很從容，有足夠的時間讓孩子盡情以自己的方式玩耍，以自己的步驟完成作品。

以某種程度上來說，德國幼兒園很貼近德國人心中理想的日常生活。

德國人一向相當重視平衡的生活品質。認真工作之餘，也不忘留點時間培養自己的興趣，照顧花圃、騎單車、慢跑，或從事繪畫、閱讀、音樂等藝文活動。大部分的德國人並不會一味追求財富，而讓生活品質失衡。

或者我們應該說，是注重身心發展的德國學前教育，造就了今日理性堅毅的德國人。

對德國人來說，學前教育的最大意義，就是讓孩子從每一個生活面向學習、

德國幼兒園所有的學習活動都進行得很從容，
有足夠的時間讓孩子盡情以自己的方式玩耍，
以自己的步調完成作品。

親近自然並與周遭環境產生連結，學會自立與獲得相信自己的勇氣，來達到身心靈的平衡成長。

春夏之際，氣候逐漸回暖後，我們便會帶著孩子到鄰近的花店去選購屬於自己的小花盆栽，然後帶著孩子一起合力種植在幼兒園的花園裡，在每一盆花別上每個孩子的名字。每天一早，看著小孩拿著澆花器用心地灌溉照顧屬於自己的小花，腦中真的會浮現福祿貝爾當初所描繪幼兒園所應該具備的樣貌：

那是一座色彩繽紛的神祕花園，期待歡迎著，每個大大小小的孩子，一起進入遊戲探險。

家長們的入園面試

——簽約入學，讓家長也承諾以幼兒福祉為考量，絕不讓步！

「這太不合理了，完全沒有彈性可言。你能瞭解當爸媽的，一早會有多混亂多忙嗎？差個十分鐘，為什麼不讓孩子進去？」

VS.

第一次遲到我可以通融，但真的也就只能通融那麼一次，不然定下的原則就只是說著玩。

在德國，家中小孩要上幼兒園了，是一件需要提早準備的大事，因為它絕對不是銀貨兩訖這麼簡單。特別在德國一線大城市漢堡，幼兒園不止一位難求，還需要簽約入園。就算排除萬難幫小寶貝找到了幼兒園的名額，一旦不配合幼兒園的相關規定，幼兒園憑著已經排到明年夏天長長的入園等候名單，也會有恃無恐的以違約為由，毫不留情面地請家長辦理退學手續。

這份入園合約，有一個面向非常值得探討。在德國，不管公立私立，大多數幼兒園的經營者都抱持著一個信念，那就是家長應該是理念相同的參與夥伴，而

德國幼兒園的經營者都抱持著一個信念——
家長應該是**理念相同的參與夥伴**，而非客戶。

非客戶。

無論是市立或私立幼兒園，家長簽了合約就得照合約走，幾乎沒有商討的空間。**德國幼兒園是為了孩子而存在，而非為了家長，所以合約基礎上是以所有孩子的權益為主，從中取得一個平衡點，絕對不會因任何家長的個人意願而改變。**

德國老師
這樣做

堅守入園時間，希望確保孩子有規律的生活作息

舉例來說，我們幼兒園規定，家長必須在九點前將孩子送到幼兒園，因為九點是幼兒園開始用早餐的時間。如果家長遲到了，便要在幼兒園外面等到九點半早餐時間結束才能進入。

有些人可能會說：「那遲到了就乾脆等到九點半再送孩子過去不就好了？」很抱歉，如果你以五分鐘之差、來不及九點半將孩子送到幼兒園，那麼可以順手把孩子接回去了。因為九點半一過，就算你門鈴按壞，德國老師也不會開門讓孩子進入園所。

然而真實的情況是，不管在什麼國家，總會有幾位覺得自己是「情況特

殊」、理應可以被通融的家長。坦白講在德國遇上恐龍家長的機率雖然不高，但我也親身交手了幾回。

某一天的上午，九點一到，孩子們陸續坐定位準備吃早餐。過了十分鐘，班上一位時常在最後一分鐘趕到的家長按了門鈴。我去應門，明白告訴家長按照規定他們必須等早餐時間結束才能進入。

這位德國爸爸一臉抱歉地說：「對不起，今天路上大塞車，我等等有個非常重要的會議，孩子得現在交給你們才行。」

我苦笑地搖頭拒絕。站在一旁的媽媽對著爸爸說：「那我先送你去開會好了，晚點再送孩子過來。」

看著這對爸媽一人一手抱著那對雙胞胎姊妹，我不是不懂他們的無奈，但是第一次遲到我可以通融，但真的也就只能通融那麼一次，不然定下的原則就只是說著玩。

我對他們說：「現在已經快九點十五分了，你們如果可以在九點半前把孩子送回來就沒問題，不過一旦超過九點半，孩子就不能進園。」這位媽媽看著我，雖沒失去理智的大吼，仍能感受得到她的怒火，「凱特，這太不合理了，完全沒

為了趕時間，爸媽把孩子交給老師的過程轉換太快，
常造成幼齡孩子的不安而大哭，
大一點的孩子也會**察覺自己遲到而感到困窘**。

有彈性可言。妳不能瞭解當爸媽的，一早會有多混亂多忙嗎？差個十分鐘，為什麼不讓孩子進去？」她瞄了我一眼，最後冷冷地丟了句：「妳當然不會懂，因為妳沒有小孩。」隨後甩上門帶著小孩離開。

那當然是氣話，我明白，但遇上這樣因為沒有孩子而被質疑專業能力的指控，心裡的確不好受。當天我就向校長反映，她聽了之後說：「我一定會在今天處理好，她如果真的說了這句話，就必須要道歉。**學校會站在妳這邊，做妳認為對的事就好。**」

隔天家長便當面口頭向我致歉，雖然態度轉變之大令人有點不敢置信，但校方的明快處理，的確替第一線的幼教老師勇敢發聲，而從此這位家長再也沒有遲到過。

幼兒園之所以堅守入園時間，最主要的原因是希望孩子能保持規律的生活作息，讓孩子在固定的時間就寢[2]、起床、上幼兒園、吃早餐、玩耍一直到午休時間，盡量不要因為家長的個人行程安排影響到孩子的作息節奏，譬如有些家長可能會因為隔天排休假而晚睡，也不用早起上班，所以連帶的讓孩子晚睡晚起，當孩子到了幼兒園，已錯過早餐時間，卻也不能就讓他們餓肚子，於是晨間律動時間，遲到的孩子才吃早餐，如此一來當然會延誤接下來的活動安排。

另一部分原因是，在早餐時間，若因為幾位遲到的孩子，老師要不停地離開餐桌去開門，對於準時到校用餐的其他孩子其實會造成不小的干擾。重視餐桌禮儀的德國人為了避免這樣的狀況發生，也希望孩子在幼兒園裡的活動作息能夠更固定平順，所以會堅持幼兒必須準時到校。

其次是，因為某些家長總是慣性遲到，老是搶在最後幾分鐘將孩子送到幼兒園，更正確的說法應該是，為了趕時間，爸媽乾脆一手拎著孩子跑進幼兒園，再急忙地把孩子交給老師後趕著去上班，這期間的過程轉換太快，常造成幼齡孩子的不安而大哭，大一點的孩子也會明顯察覺自己遲到而感到困窘。因此，幼教老師多半會叮嚀家長，請盡可能提早一點出發，讓孩子至少可以有幾分鐘情緒暖機的空檔。

2 德國孩子多數在晚上七點半前絕對要上床睡覺。

學前教育是基礎教育的根本，不該過分流於商業考量，

也不該一味迎合家長而改變原則。

簽約入學，讓幼兒教育能回到「以孩子為主體」的初衷。

德國老師
這樣做

和家長面試，以合約落實「以孩子為主」的教育精神

除了入園時間，家長也必須遵守最晚在晚上六點前把小孩接走的規定。即便是差個五分鐘，只要是一再違反合約上的規定，家長就得自行承擔被幼兒園除去資格的風險。

其他規定還有：如果孩子發燒至三十八度以上或有嘔吐拉肚子等症狀，就算孩子的活動力和食慾正常，德國老師也會立刻通知家長接孩子回家靜養；避免交叉感染，也嚴禁替孩子餵藥，因為幼兒園不是醫院，幼教老師也不能兼任護士……這些林林總總的規定都會詳列在合約裡，而入園前和家長的面試，除了暢談幼兒園的教育理念，通常也都會向家長仔細地解釋各項規定。

嚴謹的德國人很清楚口說無憑的道理，所以堅持以書面合約明訂各條遵守要項，以徹底貫徹幼兒園的教育理念。幼兒園雖不列入正規體制內的教育，但學前教育卻是一切基礎教育的根本，不該過分流於商業考量，或一味迎合家長而改變原則。簽約入學，讓幼兒教育能夠回到「以孩子為主體」的初衷。

從入園第一天談起

——看德國老師如何幫助新生適應環境

大部分台灣幼兒園採一併入學制度，所有的新生統一入學。

vs.

德國幼兒園給予新生彈性的適應期，並藉由家長陪同入園的方式，加強雙方交流且建立信任關係。

早上八點半，幼兒園裡開始熱鬧起來，孩子們嬉鬧跑跳；木製兒童廚房裡鍋碗瓢盆互相碰撞隨後掉地的撞擊；另一頭教室傳來的音樂，伴隨著幾個孩子踢踢踏踏左搖右擺的舞步。今天的幼兒園和之前的早晨序幕沒有什麼不一樣，園所裡一切如常，除了我今天要迎接一個新生，我們幼兒園裡的新朋友。

門鈴響了，是預約好九點前抵達幼兒園的新生，隨行的當然還有新生的媽媽。在德國，幼兒園會告知家長個別新生入園的確切日期；有別於台灣幼兒園一併入學制，德國幼兒園大約以每次一至兩位為限，漸進納入新生至滿班為止。一

德國學前教育透過**「孩童分次入學」**和「第一週家長全程陪同入園」的方式，減低孩子和爸媽初期的不安。

般來說，幼幼班（Krippe）的人數以二十位為限，配有五位幼教老師，四歲以上的中大班（Elementar）一班二十個人則配有三位老師，入學日當天由一位家長陪同進園，每位新生由一名幼教老師負責照顧。

這次來的新生海蓮娜是一個一歲半的小女生，棕髮藍眼，一踏進門，在媽媽背後安份了幾分鐘，按耐不住天生的好奇心，逕自往玩具堆裡走去。她很快地拿起一塊積木往後丟，接著每拿一塊丟一塊，四處落下的積木活像炮火擊破後的廢墟殘骸，媽媽急忙地想阻止，我和德國同事相視而笑說：「第一天的她似乎玩得很開心呢。」

德國老師這樣做

入園第一個月暖身期，建立孩子、老師、家長互信關係

德國幼兒園多數都採納所謂的柏林入園適應模式（Berliner Modell），這個適應模式由教育學者Kuno Beller所創，因首先在柏林發展而命名。他透過實際觀察研究來找出緩和新生入園初期緊張和不安全感的最好方法，**研究發現，在適應期間有父母親（或主要照顧者）陪伴入園的新生，往後在認知發展上明顯優於單獨入**

園適應的孩子。

這模式的理論基礎認為孩子、幼兒園和父母在入園初期必須保持良好且平衡的三角關係，父母有機會深度瞭解幼兒園的生活作息，幼教老師也有時間以一個觀察者的角色去進一步認識新生的個人性情和喜好。最重要的是，**每一個孩子應該被視為不同的個體來對待，所以適應期的時間長短也因人而異**，他認為孩子被迫送進幼兒園獨自適應，對其認知發展可能會造成負面影響。

因此，幼兒園為了讓每個孩子能得到最完善的照顧，所以每次只能有一至兩位新生入園就讀，適應期約一個月，這期間由負責老師循序引導孩子在園裡的例行作息。

入園的第一週，家長必須陪同孩子進入園所並共同參與早上的活動，從九點用早餐，九點半的晨間律動時間，到十點的自由玩樂時間，家長可藉此瞭解幼兒園裡的運作情形，並有機會觀察老師和孩子們的互動，也進一步瞭解有哪些生活常規必須遵守，哪些物品要備齊，陪同過程中倘若有疑慮，也能隨時向老師提出問題。

初入學的新生大多介於一到三歲。第一週家長多半是安靜的陪在孩子四周，

德國幼兒園多數採納「柏林入園適應模式」，
此模式認為孩子、幼兒園和父母在入園初期
必須**保持良好且平衡的三角關係**。

而不是積極的陪玩，目的是讓新生能夠有安全感地探索四周並熟悉環境，也讓負責照顧新生的老師能依新生反應做適當的互動。

每個孩子的狀況不一，有的怕生的孩子一步也不會離開家長身邊，也有的孩子看到新玩具、新朋友，會樂得丟下家長滿場瘋跑。孩子的種種面向都是幼教老師在新生入園第一天必須觀察記錄的重點，觀察中我們可以更深一步的瞭解每個孩子不同的特質，有些孩子對身體接觸或聲音吵雜的環境敏感，有些則特別需要擁抱來建立安全感。藉由觀察、瞭解，孩子、老師、家長建立信任關係後，孩子的幼兒園生活才能有好的起點。

德國老師這樣做

適應期長短，完全取決於孩子的狀況！

從第二週開始，幼教老師會逐日減少家長陪同入園的時間，讓孩子開始學習適應獨自在園所，前兩次請家長離開的時間可能只有短短的十五分鐘，再來可能是半個小時，幼教老師需要仔細觀察孩子的適應狀況來縮短或延長孩子獨自待在園所的時間。

到了第三週，孩子如果適應良好，幼教老師會在此時建議爸媽把孩子送到門口就要說再見，孩子才能獨自練習適應團體和環境。爸媽離開時，孩子很可能還是會哭會鬧，所以爸媽一定要穩定好自己的情緒，給孩子大擁抱和甜蜜的一吻後就不要逗留。德國幼教老師們認為，孩子會感染爸媽緊張不安的情緒。爸媽若也表現出分離焦慮感，孩子便會順著這個情緒做出反應。

幼教老師每週要仔細留意孩子的情緒反應來漸進式增加分離時間，因此新生到了第三週可能才會留下來吃午餐，而對於要待上一整天的孩子，留下來午睡則必須等到第四週才能進行。這一個月裡，負責新生的幼教老師最主要的工作就是陪伴新生並安撫情緒，其他的幼教老師會主動接手照顧其他小孩。

「請問，孩子哭了妳會怎麼辦呢？」新生媽媽的第一個問題通常相當直接，但是在被問的當下，我絲毫不覺得這位新生媽媽是在出考題給我，我明白她只是想進一步瞭解園所裡的教育理念。

「適應期間孩子的情緒反應，會哭會鬧是正常的，如果是間斷性的哭泣，哭個約莫十分鐘，停了一會又哭的情況，我們會陪伴或進行遊戲、轉移注意力來穩定情緒，也許是帶著孩子吹泡泡，或者去看水族箱裡的金魚寶寶等等。但是如果

幼兒園為了讓每個孩子能得到最完善的照顧，
每次只能有一至兩位新生入園就讀，
適應期約一個月，由負責老師循序引導孩子的例行作息。

孩子哭的時間太久，甚至不喝水、不進食，我們會立刻通知家長來帶孩子回家，因此適應期的一個月內，家長要能隨時讓我們找得到人。」我回答。

「我明白了，那一個月的適應期過了之後呢？」可想而知的第二道問題。

「過了適應期，孩子也慢慢習慣園所的生活作息，我就必須判斷這孩子為什麼哭。是肚子餓？前一晚沒睡好太累？還是打預防針或長牙不舒服？或只是對活動轉換過程感到不安而哭泣。**如果一個月的適應期過後，孩子仍然有強烈的分離焦慮，那麼我們只能再次延長適應期。**」我笑著說。

相較於台灣幼兒園一併入學的制度，德國給予新生更彈性的適應期，也希望藉由家長陪同入園的方式，加強雙方交流且建立信任關係。

不論在台灣或是在德國，新手爸媽對於家中寶貝第一天上幼兒園的心情，可能遠比上學的孩子更緊張。擔心孩子不適應的哭鬧，水喝得夠嗎？……這些問題總是像跑馬燈一般地在爸媽腦中纏繞不停。因此，幼兒園在孩子入學前還會安排個別家長會談，除了藉此瞭解入學孩子的家庭生活狀況，也可以幫助這些新手爸媽們做一些心理建設。

德國學前教育透過「孩童分次入學」和「第一週家長全程陪同入園」的方

式，也大大地減低孩子和爸媽初期的不安。

另一方面，德國幼教老師花相當多的時間觀察每位新生入園後的狀況並做文字和圖像紀錄。德國幼兒園每個孩子的成長本（Profolio），就從第一天開始記錄，一直到畢業為止。孩子們的身高體重變化、第一次午睡、開始學走路、最好的玩伴、美勞作品、喜歡的歌曲等等。這樣生活化的記錄方向，完整地將孩子的成長過程印記下來。

幼幼班（Krippe）的孩子，老師會觀察留意孩子的學習喜好並做紀錄，而中大班（Elementar）的孩子則開始可以決定自己的成長本裡面想要放進什麼東西。成長本對不少大孩子來說，就如同個人的日記本一樣私密，不管是同學還是幼教老師，都必須要先徵得本人的同意才能閱覽。

孩子的一切學習都呈現在自己的成長本裡，裡面可能收藏了去樹林探險揀拾來的落葉，藝術創作課隨意揮灑的水彩畫，或是跟好友一起協力合作組合成的拼貼紙飛機……

沒有學期成績單的德國幼兒園，不讓分數高低左右孩子的學習興趣，因為每一頁的學習紀錄不僅獨一無二，對孩子來說也各具意義。

孩子的一切學習都呈現在自己的成長本裡，
中大班孩子可以**自己決定想要放什麼進去**，
不管是同學或老師，都必須徵得本人的同意才能閱覽。

每日晨間的戶外探險

——絕對重要的自由玩樂時間，玩出創造力！

本次活動因雨改期。

vs.

下雨天只要小孩穿著雨靴雨衣，就算小孩整個身子坐在水坑中假裝泡澡，德國幼教老師們的眉頭也不會多皺一下。

戶外探險是德國學前教育每天的重頭戲。

雖名為戶外探險，但實際上就是去幼兒園步行可到的公園裡玩。德國到處都有公園，活動空間也比台灣的一般公園大了兩三倍，通常會有溜滑梯、鞦韆、蹺蹺板和沙坑等基本配備，也有難度頗高的攀爬網。

如果不是到德國的幼兒園工作，我幾乎就要忘了童年記憶中戶外探險是多麼好玩的遊戲。它最精彩的部分，正是就地取材。不同於一般市售的功能性玩具，按一個扭就有聲光反應，或是如機器人或遙控飛機有其特定的玩法。

在戶外，小孩可以恣意的想像，樹枝可以是寶劍，沙子其實是做餅乾的麵粉，隨地可拾的落葉小石子也可以變成宴客的小茶點。最簡單的素材可以玩出最多的花樣，孩子的創造力和建構能力就是這樣一點一滴地養成。

更重要的是，走出戶外的孩子，才能真正看見世界的樣子。第一次摸到沙子手的觸感，風吹過耳際的聲音，還有初秋到處不停落下的樹葉。

每天早上，老師們一旦確定總共有幾位想去公園的小孩，便會開始整裝出發。這樣的出遊計畫是不會因雨取消的，除非是下暴雨或零下十度大風雪的壞天氣，否則就算是下雨天，孩子們穿上雨靴雨衣，也照樣出門探險去。

德國幼兒園如果沒有自建的戶外活動空間，就會設在離公園不遠的地點，因為大部分德國的幼兒園是沒有校車的，所以幼兒園所安排的大大小小戶外活動地點，大都要在理想的步行距離內。

每天去公園的路程，除了還不會走路的小小孩會讓他坐在推車上，其餘滿兩歲小孩們，全都入列在二十位小孩加上五位老師的步行隊伍中。從園所出發到公園的距離雖不算遠，依照小孩的步行速度，約略十分鐘左右便可抵達。

可想而知，這短短的距離中到處充滿了令小孩注意力分散的「障礙物」，使

在戶外，小孩可以**恣意的想像**，
最簡單的素材可以玩出最多的花樣，
孩子的創造力和建構能力就是這樣一點一滴地養成。

得這段路程頗具挑戰。其中最容易引起小孩分心而根本忘了看路的莫過於各種大貨車，尤其是小男孩們，在看到大貨車降速轉彎的時候，整個注意力完全被吸引過去了，怎麼叫都叫不回頭；一群小男孩們頓時停在路中央、小嘴微張、呆望著貨車的模樣，用「集體催眠」的症狀來形容也不為過。

但這還不夠看，狗的魅力似乎更勝一籌。德國人愛狗世界聞名。很多小孩家裡都有養大狗，所以狗對他們而言，不但不會害怕，反而如熟悉的玩伴般親切。我們常常在走去公園的途中遇到遛狗的人，孩子們都會用手指著狗，開心地大叫，更熱情一點的就會開始自動偏離隊伍、想往狗狗的方向走去，這時老師們就得繃緊神經，看緊每個可能因狗狗而意圖「叛逃」的小孩。

好不容易抓穩了隊伍走到公園之後，待老師拿出大包包裡玩沙坑的大小鏟子和水桶漏斗等玩具，小孩們紛紛上前，小手抓了工具就迫不及待、各自散開玩樂去了。這裡的公園跟一般台灣小學的操場大小差不多，四周都有安全鐵門圍著。

所謂的自由玩樂時間（Freispiel），是指德國幼教老師除了不會帶著孩子玩，也大多不會瞻前顧後的看管著小孩。即便是一歲多的小小孩，也可以自由在公園裡行動，不會受到限制；大部分的時間裡，老師們就站在遠處注意著孩子。

有時遇到下雨天，公園裡到處都是大大小小的水坑。這時，只要小孩穿著雨靴雨衣，沒有任何一個老師會阻止他們要在水坑裡怎麼玩。就算小孩丟小石子到水坑濺起泥水噴得滿臉，或是整個身子坐在水坑中假裝泡澡，德國幼教老師們眉頭也不會多皺一下。當然有些水坑可能實際上的水深比表面看上去要深很多，對於年紀較小的孩童還是有安全上的顧慮，所以小孩們在玩水坑的時候，老師們一定會站在周圍留意，卻不會因為有安全上的考量而完全剝奪孩子們玩水坑的樂趣。這個時候，總有幾個因為家長忘了準備而沒有雨靴穿的孩子，一臉欣羨地站在水坑旁，想趁著老師沒留意的時候，偷踩個水坑幾下也過過癮。

除了玩沙坑、水坑，孩子們也非常愛鑽進樹叢裡去撿樹枝或松果。很多時候他們藏身的樹叢，樹枝茂密到我根本無法擠進去。**孩子們常常為了要撿到他們想要的樹枝而被樹叢間密佈的小枝幹刮得滿臉是傷，絆倒摔跤更是家常便飯，但孩子頭一兩次會哭，經過每天這樣玩，孩子似乎越挫越勇，玩得越狼狽越開心。**這期間，就算再小的孩子摔倒了，老師們都會先觀察個幾分鐘，只要他自己可以爬得起來，老師不會急著一個箭步衝過去幫忙，除非孩子真的沒辦法自己站起來，老師才會扶他一把。

自由玩樂時間，是指老師除了不會帶著孩子玩，
也不會瞻前顧後地看管著小孩。
大部分時間，老師們就站在遠處注意著孩子。

有些孩子們特別喜歡把自己埋在落葉堆中，或是整個人躺平在沙堆上滾來滾去，不管用什麼方式，孩子總能找出玩得自在快樂的遊戲。我曾經看過班上一個剛滿一歲的孩子，因為還不會走，所以坐在沙堆上四處張望周遭的環境。過了一會兒，他用小手抓了一把身旁的沙，非常仔細地放在手心觀看著。接著握住沙子後再慢慢地將這些沙子從指縫間流下，沙子落光了再抓一把，一再重覆這動作；只見他非常專心地看著整個沙子落下的過程，好像正在進行一件重要的研究，最後他足足玩了大概有十分鐘之久。顯然他對這重覆的動作絲毫不感到乏味。

我突然意識到，原來孩子正透過各種感官理解並建構他眼中的世界。透過與自然環境的互動與探索，進一步累積生活經驗。而認知能力很大一部分就是建立在探索並理解事物間的關係。每日不間斷的戶外遊戲，讓孩子具體操作不同物體，的確是認知發展中必要的一環，這也才應該是學前教育最重要的意義。

在德國，無論春夏秋冬、晴天雨天，大城小鎮不同的公園裡，都有一群快樂奔跑的孩子。他們充滿生命力的笑聲會不自覺地教會你享受每一處細微的美好。請給孩子真正需要的生活與學習。

每日不間斷的戶外遊戲，
爬高、撿落葉樹枝、玩沙、玩雪、踩水坑……
孩子總能找出玩得自在快樂的遊戲。

透過與自然互動、具體操作不同物體，
探索並理解事物間的關係，
是認知發展中必要的一環。

德國幼兒園的「無玩具日」

——讓孩子狂動腦筋，聰明玩！

「玩具分享日」讓孩子學習分享，只要是孩子喜歡的東西，都可以帶來和大家一起分享。

vs.

「無玩具日」培養並試探孩子們「玩」的能力，刺激孩子的想像力和創造力大爆發……

德國學前教育深信，每天給六歲以下的孩子大量的自由玩樂時間，是強化孩子日後的學習能力不能輕忽的一項前置作業。孩子在該玩樂的年紀玩得不夠，就等於沒有為日後的學習打好根基。他們認為，**開放的玩樂方式能啟動孩子的學習能量，因此德國幼教老師很少帶領遊戲活動。**

每天，孩子都得動腦筋想想有什麼東西可以玩，能夠怎麼變化方法來玩，日積月累中，孩子會逐漸培養出自己主導學習的能力。另一方面，只要孩子有能力也有勇氣嘗試，幼教老師便盡量不去干預孩子的玩法，所以即使兩歲的孩子自己爬上了鞦韆雙腳站著晃，幼教老師也會謹守「觀察者」的角色站在一旁注意，而不是去制止，因為他們知道會玩的孩子，才能練就出真本事。

台灣的不少幼兒園都有「玩具分享日」的活動，當天每個孩子都能帶一個自己心愛的玩具到校跟其他小朋友一起玩樂；這活動設計的目的本身是除了讓孩子學習分享，同時也是一種資源交流，因為帶來的東西不只局限於機器人或娃娃等狹義的玩具，只要是孩子喜歡的東西，例如書本、圖卡甚至是海邊撿來的貝殼等等，都可以帶來學校和大家一起分享。

我記得在台灣的幼兒園工作時，孩子們都好期待每週五的玩具分享日，因為那一天孩子可以徹徹底底的玩個過癮，我也常常坐在地板上跟孩子們一起玩著他們帶來的玩具，孩子們在那天能夠不用一整天都忙著學東學西，於是每週五的時光總是過得特別快，也特別開心。

但是細想下來，台灣學前教育卻是明顯忽略了「玩」對孩子的重要性。星期五的玩具分享日，就像是孩子難得的從密集的智識課程安排中所獲得的小小喘息的機會，「先唸書，功課做好，才可以玩！」這種想法似乎已成了許多台灣家長

每天，孩子都得動腦筋想想有什麼東西可以玩，能夠怎麼**變化方法來玩**，日積月累中，孩子會逐漸培養出自己主導學習的能力。

或老師根深蒂固的觀念。

然而，德國人卻認為，對六歲以下的孩子而言，除了學習生活自理，「玩」才是唯一的正經事！

幼兒園生活幾乎每天都風雨無阻的外出探險，就算留在園所裡，孩子們也是在玩，他們深信充分的自由玩樂可以打通孩子學習的任督二脈，讓孩子在進入小學接受正規教育時，已經具備有全方位的學習基礎。

德國老師這樣做

開放式的無規則遊戲，讓孩子的能力超展開

我任職的德國幼兒園，為了進一步培養且試探孩子們「玩」的能力，將每週四訂為「無玩具日」。

當天，老師們會把所有的玩具收起來，沒有樂高積木，沒有小火車小汽車，也沒有芭比娃娃。老師們會跟孩子說：「今天所有玩具休假一天，所以你們得自己想想要玩什麼遊戲。」

事實證明，孩子的想像力和創造力無極限，他們可能在教室裡玩起躲貓貓的

遊戲，或者把椅子排排放當作小火車……

有一回，在「無玩具日」當天，有位老師剛好要拿一個廢棄的大紙箱去回收，一個孩子看了問老師可不可以給他，這位老師心想反正不過是一個紙箱，應該不違背「無玩具日」的宗旨，便給了孩子。

結果孩子們大紙箱一拿到手，剛開始把紙箱當做房子玩扮家家酒，後來幾個孩子設法把紙箱凹折成一個角度開始玩溜滑梯，這個大紙箱他們玩了大半天都不嫌膩，他們最後甚至把紙箱撕裂成好幾個大紙板，一下子玩拼圖，一下子又拿膠帶將撕下來的紙板重新組合過後黏貼成汽車或機器人，我看見了**孩子不停的重複著：從發想到破壞，又從破壞到重建的過程**，紮紮實實的體會到為何德國人如此注重孩子玩的能力，因為幼齡的孩子真的能夠透過玩，讓所有的能力超展開，而這不是制式的課堂學習能做到的！

學習不是非得要跟課本劃上等號，家長和老師千萬別讓孩子虛度了越玩越聰明的黃金時期。

德國人為何注重玩的能力，因為幼齡孩子真的能夠

透過玩，讓所有的能力超展開，

而這不是制式的課堂學習能做到的！

Toddler Yoga
小小孩的瑜伽課

——學才藝，不是為了成就將來

學才藝、參加社團，
能讓孩子未來更有競爭力！

vs.

德國父母在乎的是，
孩子喜歡嗎？覺得好不好玩？
學才藝是為了讓孩子有一個
培養興趣的機會。

每個星期三的上午，在晨間律動時間結束後。班上幾位報名瑜伽課的小孩開始迫不及待地把鞋襪脫掉，這是除了午休時間外，他們難得可以獲准在室內不穿鞋襪的時刻。

兒童瑜伽課在德國非常盛行，有不少私立的德國幼兒園甚至有提供學齡三歲以下的幼幼班瑜伽課。也許有人會納悶的想，年紀這麼小真的適合學瑜伽嗎？我只能回答，學瑜伽對幼兒身心發展有助益，但不是每個小孩都對瑜伽感興趣，所以這個問題只有自家小孩能回答。孩子有興趣自然就會跟著做，沒興趣的孩子枯待在瑜伽教室內，半小時也挺難熬的。

瑜伽課每週一次，每次三十分鐘，一個班只收八個小孩，年齡不拘，不過前提是孩子能跑能跳，有基本的語言理解能力，能明白動作指令，所以大部分報名參加幼幼班瑜伽課的小孩，都至少一歲半以上。

瑜伽結合肢體與情緒放鬆、專注，培養孩子內心穩定的能量

德國幼兒教育不止注重孩子的肢體運動，也同時強調情緒教育的重要。所以德國幼兒園認為，強調身心靈平衡的瑜伽運動，對幼齡孩子來說其實是非常好的嘗試。想當然，各部位柔軟度一流的小小孩做瑜伽動作可不是為了使筋骨柔軟，而是一步步藉由瑜伽體位，讓孩子清楚覺察自己的身體。

課程中，瑜伽老師運用韻文和遊戲方式，讓孩子的想像力飛馳，而瑜伽課裡的呼吸練習，也能夠使孩子學會放鬆和專注，長久練習下來會內化成心中穩定的情緒能量，克服害羞和容易不安的個性。

「OM……」瑜伽老師一進入教室，道了早安後就開始瑜伽課打招呼的起手

德國父母在乎的只有孩子**學習上的主觀感受，**
一切的考量都基於希望孩子能夠身心愉快地度過童年。

式。她雙手合十放在胸前，發出類似中文「嗡」的長音，原本在一旁嬉笑打鬧的小孩們突然間都神奇的安靜了下來，也都一起有樣學樣的在胸前雙手合十的嗡嗡嗡起來。

緊接著，瑜伽老師帶著孩子在教室內繞著圓圈說著「走走，慢慢走，走走，慢慢走。」孩子們就像一群聽話的小鴨般，跟著瑜伽老師的指示，尾隨在後走著圓圈。繞了幾圈後，瑜伽老師會很快地換下一個動作，有時雙手合十高舉，單腳站立，讓孩子們想像自己變成一棵大樹，有時也可能化身為蝴蝶或小鳥。用清楚簡單的指示加動作，讓小小孩運動到不同部分的肌肉。

瑜伽課程一般是列入幼兒園裡自費學習的課程之一，其他還有陶土和打擊樂器等選項。因為大小孩子能做的動作難度有異，所以幼兒園的瑜伽課有依年齡分班，三歲以下為一班，四到六歲另外開一班授課。

以幼齡孩子來說，尚未有足夠的口語能力清楚表達喜好意願，所以家長在報名之前根本沒有把握孩子是否喜歡瑜伽，只能在實際上課後由幼教老師側面觀察孩子的學習情況。有的只有一歲半的小小孩，跌破大家眼鏡的課堂動作完成度幾乎百分之百，反之也有滿三歲的大男孩完全不聽指令滿場跑。這時候幼教老師就必須向家長反映真實的課堂狀況讓家長判斷。

德國父母這樣想

要不要學才藝？學什麼？完全取決於孩子

兩歲的小女孩寶拉愛玩愛動，媽媽一聽說瑜伽課程還剩下一個名額，幫她報了名想讓她試試。

很快的到了上瑜伽課的時間，瑜伽老師黛安娜親切的和大家說早安便走進教室，好幾個已經在教室裡等待的小孩熱情地抱著她，第一次上課的寶拉顯得非常緊張，對於只見過幾次面，但沒有直接互動過的黛安娜老師，還是感到很生疏。寶拉突然大哭了起來，我只好向黛安娜表明孩子有點怕生，可能需要我陪著她一下緩和情緒。她笑說沒問題便開始上課，於是寶拉第一次的瑜伽課整整半小時都坐在我大腿上看別的小孩一下彈跳，一下翻滾，一下變成蛇發出嘶嘶嘶的吐舌音。她看得很專注，人卻一動也不動，只要我一離開就大哭，很快的三十分鐘的瑜伽課也下課了。

到了下午三點，寶拉媽媽來接小孩的時候，問起她第一次上瑜伽課的情況：

學才藝是為了讓孩子培養興趣。
德國人相信**找到自己熱愛的興趣**，
會更懂得如何平衡過生活，進而建立健康的人生態度。

「第一次上課還好嗎？」

我想了一下，苦笑說：「不能說好或不好。她看起很有興趣，全程都一直盯著看老師怎麼做，但是不肯離開我一步，整堂課都用眼球做瑜伽。」

寶拉媽媽笑了出來，接著說：「是啊，她本來就是比較怕生慢熟的孩子，也沒辦法勉強她跟著做。」

「下星期再觀察一次吧！」我說：「她應該只是需要一點時間適應老師。」

「這沒問題。只要她真的有興趣，我會讓她試的。但如果狀況真的很糟，也不用勉強她一定得去上。」

下個星期的瑜伽課，寶拉一看到瑜伽老師黛安娜，還是跑到我懷裡哇哇大哭。安撫她一陣子後，她又靜靜地坐在我大腿上看著大家做動作。其實她可以自己開門走出教室，但是她沒有，她選擇了留在教室看著大家上完瑜伽課。我猜想，她其實還是很感興趣的。果然，後來的幾次瑜伽課，寶拉都一次比一次更進步。從一開始坐在我身上看，到自己坐在地板上看，再進步一邊看著老師偷偷跟著做，到後來願意接受老師的指導完成正確的動作。在第五堂課的時候，我總算可以鬆一口氣讓她自己去上瑜伽課了。

不管上什麼才藝課，陶土也好，瑜伽也好。德國父母在乎的只有孩子學習上的主觀感受，他們喜歡嗎？覺得好不好玩？一切的考量都基於希望孩子能夠身心愉快地度過童年。除此之外，對於這才藝課程能為孩子的未來帶來多大的好處，則沒有太多的遐想。德國父母不太會去想像孩子的未來應該如何，他們認為孩子的未來不是他們能規畫的。孩子的未來，本來就應該握在孩子的手上。身為父母最大的責任，除了教養孩子，還包括了讓孩子能依其所好，適性發展。學才藝是為了讓孩子有一個培養興趣的機會，他們相信有一個自己熱愛的興趣，會更懂得如何平衡過生活，進而建立一個健康的人生態度。

也因此，在德國我還不曾見過任何一位違背孩子個人意願，而強行替孩子決定上才藝課的父母。就像寶拉的媽媽，覺得自己活潑好動的女兒應該會喜歡上瑜伽課，但實際上課過程中出了點狀況後，也不會因為已經花錢報名上課，孩子卻不跟著做而覺得很可惜，反而願意耐心花時間觀察她每次課程的反應。因為，培養興趣，學習才藝，不須急著提前開跑，忽視孩子個別性情，強迫學習才藝，更不是明智父母應該有的行為。

上才藝課時，德國媽媽不會因為已經花了錢，
但孩子卻不跟著做而覺得很可惜，
反而願意花時間耐心地觀察孩子課後的反應。

在德國幼兒園工作之前，我在台北的美語幼兒學校工作了好些年。

有些孩子從小班帶到大班，從幼兒園畢業後也接著來上國小部的美語班。我真的是一路看著他們長大的。很難忘記有一天的下午，我正站在影印機前印考卷時，一位我從小班帶到畢業的小女孩突然跑過來，兩眼泛淚的對我說：「老師，我好想睡覺。」看著才國小一年級的她一臉倦容的剛上完珠算課，緊接著要去上美語課。我問她是不是不舒服，她也沒說話，只是緊緊抱著我。我轉身問了其他老師，如果她真的不舒服，是不是應該通知家長來接她回家，卻只得到：「家長說只是重感冒沒大礙，上完課才來接她。」頓時心中有很強的無力感，因為自己什麼都做不了。

現在她美語和珠算學得如何我無從得知，但我想當時的她應該學得不很快樂，至少和小班時比起來笑容少了很多，特有的古靈精怪特質也不見了。**在德國任教後，我更清楚明白一點，不管孩子學任何才藝，絕對不能把他們的快樂心丟掉，因為那真的才是成長路上最需要被珍視的東西。**

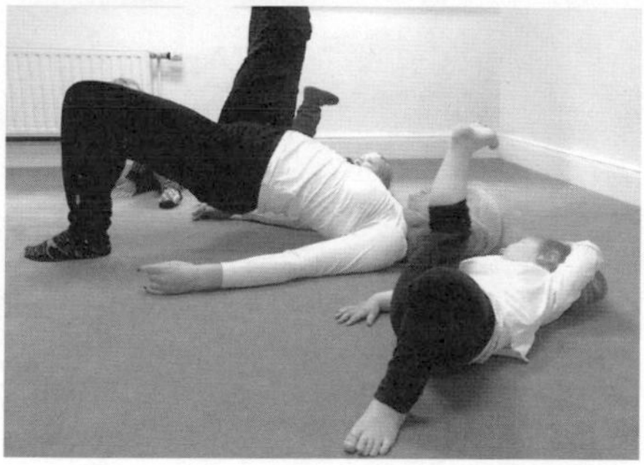

瑜伽課，老師運用韻文和遊戲方式，
讓孩子的想像力飛馳，
呼吸練習使孩子學會放鬆和專注，

長久練習下來會內化成心中穩定的情緒能量，
克服害羞和容易不安的個性。

走！兩歲娃兒學搭公車出遊去！

──超精實校外教學，小孩的多重學習任務

每月的半日校外教學，
師生踏出校門
就直接被安全地送達目的地，
甚至連馬路都不用過。

vs.

德國幼兒園戶外教學日
當天就是搭乘各種公共交通工具
到目的地。從一歲到六歲，
不分大小一起出遊去！

記得在台灣的幼兒園工作時，學校每個月都會依照計畫帶著孩子進行半日的校外教學。當天一大早，好幾輛校車就會在校門口外等候，師生踏出校門就直接被安全地送達目的地，甚至連馬路都不用過。植物園、兒童育樂中心、台北市立圖書館，還有小朋友很愛去的baby boss等等，幾年下來，我也造訪了不少平常自己不會去的地方。

德國幼兒園除了每日既定的戶外自由玩樂時間，學期中也都會依情況安排至少每月一次的戶外教學日。在德國，很多時候只要幼兒園提早預約，一些博物館

不時會在平日招待幼兒園學童免費入場，搭乘公車或遊覽船也有優惠甚至免費，所以幼兒園都會留意訊息，安排出遊計畫。

和台灣不同的是，德國幼兒園並未配有校車，戶外教學日當天就是搭乘各種公共交通工具到目的地。不管在火車、地鐵或公車上，都不難看見幾位幼教老師帶著孩子們出遊的景象。從一歲到六歲，只要是幼兒園的一員，不分大小一起出遊去！

對德國人而言，藉由校外教學日參觀不同地點，種種有別於日常生活的環境刺激，能喚起孩子的觀察力和好奇心，並以多元的生活經驗來增加對知識的應用。因此，搭乘公共交通工具的體驗，也是戶外教學的重要項目之一。

德國老師這樣做

輪流讓大孩子帶隊，親身經驗比耳提面命還有效！

早上九點一到，即刻整隊出發，絕對逾時不候。小孩們揹上自己的後背包，兩兩成對的小手牽牢，從幼兒園走到公車站牌往往已經花掉二十分鐘了。四歲以上的大孩子則有機會輪流當領隊員（加上一位領隊老師），負責在十字路口或紅綠

火車、地鐵或公車上，常見老師帶著孩子出遊。
從一歲到六歲，只要是幼兒園一員，
不分大小一起出遊去！

燈前指示隊伍前進，實際讓孩子清楚在路上的安全守則。

「Stop!」負責領隊的優可大喊，這時漫不經心、壓根沒在看路的菲力差點迎頭撞上前面的孩子。

「菲力，你可以告訴我為什麼優可要在這裡停下來嗎？」我問。

只見菲力毫不遲疑地回答：「因為有紅綠燈。」

隊伍裡面幾個大孩子馬上咯咯笑了起來。「仔細再看一次四周，請你指出紅綠燈的位置好嗎？」我對他說。

菲力這時才認真地四處張望，發現沒有紅綠燈之後，困窘地看著我。

我看著他說：「是不是沒有紅綠燈？那你知道為什麼優可要停下隊伍嗎？」

他搖了搖頭。

「不知道沒關係，有誰可以幫他回答這個問題呢？」我問。

頓時好幾位大孩子一起說出答案：「車庫。」「因為有車庫要停下來看一下。」

「想起來了嗎？不只是路口、紅綠燈，遇上車庫的大門，也要留意是否有車輛進出再通行。」我笑著說，也回頭稱讚優可帶領得很好，有注意到安全。

德國幼教老師認為，在安全大原則下，應該盡量讓孩子自行練習判斷四周的路況，因為即便老師講了數十遍的行人安全，孩子在路上注意力不集中，常常聽過就忘，老師說要停就停下來。

所以，針對大一點的孩子，與其帶著他們過馬路，不如給他們帶著老師過馬路的機會教育。由被動跟隨轉換成主動帶領，會幫助孩子應用所學到的生活知識。而三歲以下的小小孩，雖然還沒有機會帶領隊伍，但是步伐再慢都沒關係，能自己走的就絕對不會有人抱。此外，德國幼教老師非常反對在外出時，為了預防孩子走失或脫離隊伍而使用幼兒牽繩，他們認為這不僅減損孩子的自主意識，也變相剝奪孩子學習馬路安全的機會。

過度使用推車讓孩子長不大，兩歲以上的孩子請向它說拜拜！

幼兒園的戶外活動多，每個月幾乎都有不同的戶外教學活動，就算去到動物園半日遊，除了兩歲以下的孩子可能有推車坐，其餘的孩子都得一步一腳印地走完全程。所以，孩子滿兩歲以後，老師開始會建議家長接送的時候盡量不要讓孩

對於大一點的孩子，與其帶著他們過馬路，
不如由被動跟隨轉換成主動帶領，
給他們帶著老師過馬路的機會，幫助孩子應用所學。

子習慣坐推車回家，因為兩歲以上的孩子應該都可以自己走得很好，前提是，父母需要每天給予適度的運動量來增加肌耐力。

訓練兩歲以上的孩子盡可能自己走路，不坐推車，不要人抱，是上德國幼兒園前，家長最好能幫孩子養成的能力之一。這就如奶嘴、奶瓶或圍兜等等幼兒用品，在過了某個時間點就必須逐步讓孩子脫離依賴，孩子才能一步一步，不管在心理或生理上，學習獨立長大。

校外教學日當天，學校老師會帶領孩子出發步行走到公車站，等公車到站後，一位幼教老師先上車買票，其餘幾位老師則負責引領孩子排隊上公車。平日的非交通巔峰時間，公車或地鐵都會有滿多的空位，沒有足夠位置也沒關係，孩子們就站一會兒，通常目的地都只需要坐個幾站就到了。除了不占用博愛座外，德國人普遍沒有讓座的習慣，「你是老人所以身體虛弱」、「你是小孩所以站不得」等等刻板印象在德國，有時反而是一種誤貼標籤的不禮貌行為。

「如果孩子站個幾站都覺得太吃力，那這孩子今天的身體狀況可能根本不適合出遊。」德國老師這樣說道。

雖然戶外教學日前的準備工作不少，不過德國幼教老師出發前並不會幫忙大孩子備齊隨身物品，回程時也不會一一清點東西是否都有帶到。

一次從博物館回來的路上，德國老師尤拉發現四歲的歐力的遮陽帽不見了。「歐力，你的帽子呢？」歐力一被問到，摸了摸頭發現帽子不在，開始左顧右盼的找著。「帽子不見了。」遍尋不著後他沮喪的說。那時整個隊伍已經在回程的路上，也無法折返回去找帽子。回到幼兒園，歐力整個人悶悶不樂，似乎很難面對最愛的蜘蛛人鴨舌帽弄丟的事實。等到下午媽媽來接他時，看到媽媽，他忍不住哭了起來：「帽子弄丟了，蜘蛛人帽子弄丟了！」

歐力媽媽向老師瞭解整個狀況後，只轉頭對他說：「新帽子丟了你很難過是嗎？」他點點頭。媽媽也不急著安撫，只說：「我知道你不是故意丟的，但是你現在已經是大男孩了，帽子也是你自己選的，要自己保護好。弄丟了新帽子，現在也只能戴舊的那頂了。」一轉身在歐力的置物櫃上拿出他的另一頂舊帽子。

歐力見狀突然開始生起氣來，大聲喊：「我不要戴這頂帽子！我不要戴這頂帽子！」

「沒戴上帽子遮陽，就不能去公園玩。」

「我要我蜘蛛人的帽子。」

戶外教學日的學習任務是小孩的大挑戰：

跟好隊伍和判斷路況安全，排隊上公車或地鐵，
沒座位時在車上抓牢把手，並負責看管好自己的東西……

「蜘蛛人帽子弄丟了就是弄丟了。你只可以選擇戴著這頂帽子去公園玩，還是直接回家。」媽媽不為所動，繼續說：「但是你如果選擇連舊帽子都不要，很可能下一次的戶外教學日你也不能參加。」

歐力一聽只好悻悻然地戴起帽子，一臉委屈地跟著媽媽離開。

在德國父母眼中，管教孩子最重要的一點就是不能失去原則，不用大聲怒罵，直接讓孩子切身體會到自己的行為所帶來的結果，比什麼都有效。如果這時候父母為了安撫孩子，很快應孩子要求買了新帽子，甚或反問老師為何沒把孩子的物品看管好，孩子便會從家長的反應自行解讀成「照顧好物品」這件事，與自己並無關係，自然很難養成負責任的態度。

在袖珍博物館看迷你飛機起飛降落，在市立圖書館借自己喜歡的書回家閱讀，到動物園裡去拜訪動物朋友們。每次的戶外教學日都有不同主題，孩子也總是滿心期待著每次出遊。如何學習跟好隊伍前進和判斷路況安全，排隊上公車或地鐵，沒座位時在車上抓牢把手，三歲以上的孩子也得學習負責看管好自己的東西。戶外教學日的種種學習任務，真的是給幼兒園小孩的大挑戰。

小孩們揹上自己的後背包，兩兩成對的小手牽牢，
學習跟好隊伍、上公車坐地鐵、看管自己的東西……

戶外教學日，讓孩子練習脫離依賴，
孩子才能一步一步，
不管在心理或生理上，學習獨立長大。

爹地媽咪，Play Date 是一定要的好嗎？

──五歲開始在同學家開趴過夜，德國父母老神在在

幼兒的「外出放風時間」，
爸媽推著嬰兒車
到附近邊採買邊散步……

vs.

到附近公園玩沙坑、盪鞦韆，德國
爸媽趁機觀察孩子們之間的互
動，尋找性情相投的玩伴。

多數德國人固然不贊同在幼兒時期學習智識科目，但有一件事，德國父母卻認為絕對不能「輸在起跑點」，那就是培養孩子的社會化能力。

只要家中小孩滿周歲，能坐能爬，不管有沒有上幼兒園，德國家長都會帶著家中小寶貝參加各種自費或政府單位主辦的親子活動，而每日到公園玩耍更是少不得的，主要目的是讓幼兒去體驗家庭外的生活世界，獲得更強更廣泛的學習刺激。在德國，幼兒的「外出放風時間」可不是爸媽推著嬰兒車到附近邊採買邊散步，繞完一圈散步回家就可交差了事。

德國人認為，過於單向且封閉的社交網絡會阻礙孩童的身心發展，就算父母選擇不讓三歲以下的孩子上幼兒園，也應該積極安排孩子跟外界多方互動，而能逐步瞭解如何和同儕相處，同時從遊戲過程中學習情緒控制和解決問題的能力。所以除了到附近公園讓孩子玩沙坑、盪鞦韆，爸媽也趁機觀察孩子們之間的互動，來替孩子尋找性情相投的玩伴，一起去游泳或上音樂律動課，盡可能地幫孩子增加不同的社交活動。

德國父母
這樣想

請老師協助觀察學校玩伴，幫孩子安排遊戲約會

在歐美社會，幫孩子找遊戲約會（Play Date）的對象不是什麼新鮮事，不過德國爸媽卻早早就鳴槍起跑，從兩歲便開始進行遊戲約會，而五六歲的孩子甚至已經會開始約朋友在家裡過夜。德國父母認為人際關係的互動能力應該從小開始建立，而健全的社會化能力將會是孩子一生重要的基石，所以一旦孩子逐漸適應幼兒園生活，爸媽的下一個任務就是幫家中寶貝安排「遊戲約會」。

大約從兩歲開始，幼兒會明顯地從單獨一人玩樂模式，跳脫至雙人甚或多人

德國父母從孩子兩歲就開始進行遊戲約會，
五六歲時，甚至開始約朋友在家裡過夜，
從小奠定健全的社會化能力。

的同樂遊戲模式。

將孩子送到同一所幼兒園的家長們大多都比鄰而居，有些彼此可能早就熟識，若各自的孩子能融洽相處的一起玩，就更令人開心，不過如果沒有發現適合自己孩子的玩伴，他們就會向幼稚園老師打聽第一線的最新情報。

「我家小寶貝平常最常跟誰一起玩啊？」

「理察最近常提到艾諾，他們是不是很常玩在一起？」

德國幼兒園的老師則會協助多方面觀察孩子們的互動方式，有時家長彼此熟識，孩子卻不見得會合拍，所以老師要瞭解並記錄每個孩子最常黏在一起的玩伴是誰，還有湊在一塊兒時最愛玩什麼遊戲。

雖然說是幫孩子「找」玩伴，但實際上選擇權還是在孩子身上，幼兒園老師只是幫家長留意孩子在園所裡的交友狀況，好讓家長可以替孩子發聲，約好朋友出門。如果家中小寶貝不是特別喜歡跟對方玩，就算這個孩子十分符合家長眼中「人見人愛」的理想玩伴標準，德國家長也不會特別納入考慮。

幼兒園裡快滿三歲的妮娜，最喜歡唱歌跳舞，好奇心旺盛的她對任何學習活動都表現積極。妮娜來自單親家庭，擔任牙醫的媽媽氣質高雅又非常和善有禮，儘管工作忙碌，卻總是會撥冗參加幼兒園的大小活動，是幼兒裡所有老師公認最有好感度的家長之一。

有天下午她來接妮娜回家的時候，突然問了我一句：「妮娜是不是常常跟諾亞一起玩？最近她在家常常提到他。」

「是啊，最近兩個突然變得超級要好。有時候午覺一醒來就會吵著要找對方玩呢！」我笑著說：「可能因為最近諾亞也開始在幼兒園待得晚一點，兩個人單獨玩的機會多，就慢慢變成好朋友了。」

妮娜媽媽一聽就說道：「那太好了，之前她從來沒有特別提到誰的名字，這還是第一次。那諾亞的媽媽也差不多這時間來接小孩嗎？」她問。

我想了一下，回答說：「週五可能會早一點，不過大致上差不多時間。」

過一陣子，有一天下午諾亞媽媽來接小孩的時候，我們在走廊上聊了一下孩子的狀況，沒多久妮娜的媽媽也下班來接孩子回家了，我順勢介紹她們認識。雙方都非常開心，因為老早便從各自小孩的口中知道對方小孩的名號，久聞其人，便顯得分外親切。

老師會**觀察孩子們的互動方式**，
記錄每個孩子最常黏在一起的玩伴是誰，
湊在一塊時最愛玩什麼遊戲……

「妳就是妮娜啊？諾亞每天都在說妳的事喔！」

沒一會兒，兩位媽媽似乎一見如故，話題一開聊得很投機。轉身向我說再見後，雙方就帶著小孩一起到附近的公園繼續玩。

妮娜和諾亞常常玩在一起後，除了我之外，幾位德國老師也注意到，兩個小孩的語言和情緒發展都進步很多。妮娜比諾亞大了幾個月，所以她在遊戲中時常主導、帶著諾亞一起玩，不僅出主意，也會幫忙照顧個頭還小的諾亞，有時還有模有樣地提醒諾亞一些生活常規。**大家都看得出來這個媽媽寵愛有加的獨生女，變得更懂事自立了。而兩歲的諾亞原本害羞怕生的個性，也因為妮娜的陪伴而變得開朗有自信了起來。**尤其是語言方面的進步特別明顯，已經可以掌握三個詞語的短句子，連帶的和班上其他小孩的互動也變得比以前熱絡。

在那之後，兩位媽媽就很有默契的會差不多時間來接小孩，接完小孩後會一起到附近的公園散散步。有時適逢週五，也會帶著小孩到對方家做客。很多德國父母會像妮娜和諾亞媽媽為幼齡孩子安排遊戲約會。

遊戲約會不僅對孩子有益，對雙方家長來說，也是增加後援的好機會。因為偶爾遇到棘手的問題時，可能會有人恰好可以扮演「救火隊」或是「智囊團」的角色。這對單親爸媽，或是配偶在外地工作而需要長期獨自照顧小孩的人來說，這樣的支援有時真的十分需要。特別在鄰里關係疏離的大城市裡，如果身邊的親友沒有差不多同齡的小孩，或許可以從孩子在幼兒園裡的好友群裡尋找可以一起遊戲約會的對象。

德國父母這樣想

慎選留宿同學的家庭，比幾歲開始留宿更加重要

稍大一點的孩子，大概從五歲開始，就開始會有機會去幼兒園的好朋友家過夜的經驗。在德國，孩子們的生日派對，父母一定都會邀請幾位孩子在幼兒園裡的好朋友一起到家裡玩。生日派對會依孩子的喜好做不同的主題設定，例如：足球、火車、馬戲團或是小女生的最愛迪士尼公主群。這樣的生日派對，由於考量到空間上的限制和準備起來更方便，通常是「孩童限定」。換句話說家裡的小孩若是受到班上同學生日派對的邀請，家長會在當天把孩子送到對方家，之後再根據雙方約定的時間來把小孩接回家。如果適逢連假或寒暑假，一群孩子們在小壽星的家裡慶祝後留宿的例子也不少見。

遊戲約會不僅對孩子有益，

也是雙方家長增加後援的好機會，

遇到棘手問題，還可當「救火隊」或是「智囊團」。

除此之外，德國幼兒園的畢業旅行常常是三天兩夜去農場過夜的行程，這趟旅遊是禁止父母陪同的。雖然說畢業旅行的參與並非強制性，但是一般的德國家長普遍認為若孩子不是很排斥，這將是孩子學習獨立的一個歷練，所以原則上都會鼓勵孩子參加。

從我們幼兒園舉辦經驗來看，十幾年來只有少數一兩位孩子感到不安而需要打電話通知家長半途接回家，絕大多數的孩子都玩得十分盡興。也或許是基於幼兒園傳統的過夜旅行，使得德國家長對於五歲以上的孩子彼此互邀到對方家留宿的反應顯得很淡然。

我猜想，台灣家長一聽到幼兒園的孩子要獨自在同學家過夜，大概多半會嚇出一身冷汗，心想平常在幼兒園裡就都玩在一塊了，現在週末還互相邀請到自己家來個睡衣派對，他們才幾歲啊？坦白說，一開始我發現幼兒園放暑假時，德國父母互相約定好孩子們在雙方家各待上一個星期，也就是兩個孩子一個星期在A家，另一個星期換B家裡留宿，也覺得德國父母不知道是心臟太強，還是神經太大條？一直到在德國幼兒園工作了幾年，接觸的家長多了，有機會跟他們聊到這個留宿的觀念時，我才慢慢理解德國家長不反對孩子到同學家過夜的想法。

德國父母相當重視孩子的社交生活，接孩子下課後，通常都會直接帶到附近的公園裡去玩一會兒，才會慢慢散步回家，不然就帶孩子去健身房游泳；在漢堡的健身房甚至設有幼兒專屬的迪斯可舞池，家長去健身時就順便讓小孩參加附設的其他兒童體能課程。

不少彼此聊得來的家長會相約一起帶小孩出門，藉由頻繁的團體活動和遊戲約會，孩子能有更多機會觀察其他孩子在遊戲場所的互動，進一步學習如何處理衝突且增進社交能力。所以，當孩子找到合適的玩伴，遊戲約會進行了好一陣子之後的某一天，如果孩子主動表示希望去好友家參加生日派對並要留宿，德國父母並不會單純只因孩子的年齡而禁止他們在同學家留宿；只要熟知對方家長和家庭背景，他們多半很樂見孩子能夠有足夠的心理強度，獨自在同學家留宿。

換句話說，對於幼齡孩子隔夜留宿這件事，德國家長的思考慣性，多數是傾向先去相信孩子的能力，認為孩子會玩得很開心，而不是提早煩惱可能發生的問題。就算孩子也許會因為想家而哭，會玩通宵沒睡好，或是半夜會突然生病發燒等等狀況，都理智地先一一排除掉。只要孩子覺得可以辦到，便不會輕易地讓自己的擔心干擾孩子的獨立行為。

偶爾讓孩子離開家庭的舒適圈去體驗一下也好。
你會發現，孩子不在你身邊的時候，
往往能學到很多你教不來的東西。

「剛開始也會擔心，不過擔心的是他會在別人家搗蛋闖禍，哈哈！」一位德國媽媽聽了我對留宿的一些疑惑後笑著回答，接著提到：「有些事是教不來的，孩子必須具體地從豐富的生活體驗中找出一套與他人互動的方式，甚至你會發現，孩子不在你身邊的時候，往往能學到很多你教不來的東西。例如在家的時候孩子可能老是翹著二郎腿等吃飯，一旦到了同學家作客，也許就自然地會幫忙擺餐具，用餐完後收拾碗盤，這種作客禮儀的進退之道，是過度保護下的孩子很難學到的，偶爾讓孩子離開家庭的舒適圈去體驗一下也好。」

聊完之後我發覺，原來德國孩子的每一步學習，全都是為了將來的獨立做好準備。從兩歲開始學習基本自理、自主學習、培養社交和衝突應變能力；四歲開始練習自己過馬路，每次的校外教學不是走路就是搭乘交通工具……**當台灣的父母認為讓幼兒園的孩子單獨過馬路太危險，德國的父母想的卻是孩子沒學會自己如何過馬路才叫危險。**如此迥異的教育思維，自然養成了孩子日後截然不同的生活態度。

Part 4

呵護！孩子眼中的未來，遠比父母想像中的更絢麗多彩

放手讓孩子長大，父母也別忘了隨之成長！

人生需要目標，但人生絕對不該只存在一個單一目標。
如何讓孩子找到人生歷程裡屬於自己的定位和熱情，讓「羨慕」這字眼在心中不留根蒂的剔除掉，他們才能持續地汲取內心的快樂泉源，往正向的目標邁進。

讓孩子從小事練習做決定

——學習路途上，讓孩子自己掌握方向盤

父母或老師一昧覺得孩子還小，
不需要有決定權，孩子就因此失
去練習做決定的機會。

vs.

孩子必須從小的決定
開始練習起，然後累積經驗，
去明白每個決定所帶來的結果。

德國學前教育儘管對幼兒的生活自理能力相當要求，但是，關於幼兒園裡所提供不同的學習活動，幼兒要怎麼玩、怎麼學習，卻給予非常多的彈性與自由。

德國學前教育的優點，若不是這幾年全職投入德國幼教工作近身觀察，的確很難窺其全貌。

德國老師這樣做

尊重孩子的學習意願大過家長的選擇

德國各種幼兒教育思想流派，概括而論以戶外自由玩樂（Freispiel）為學習主軸，主題教學（Projeckt-thema）為軸。而這樣全然以幼兒為主體的全人教育，不僅僅為孩子帶來快樂的童年，還有主動探索的學習能力，和對其一生都無比重要的自我價值的建立。

學習過程中，留給孩子自我探索的部分若相對缺乏，孩子在未來的成長過程中，可能得費更大的氣力來獲取外在的認同感。因為在孩子的理解中，「發現」和「創造」的能力是不被要求的，取而代之的是學會如何高效率複製拷貝課堂上的學科知識。很多孩子忙著學東學西，甚至連停下來認識自己，瞭解自己喜好的機會都少得可憐。

在台灣，多數孩子大概從三歲開始進入幼兒園就學。入學日當日幼兒園會發給家長所謂的學期計畫表，裡面細載著每週的學習科目和學習進度。然而，多數台灣家長眼中漂亮紮實的課程內容，在我所認識的德國家長中，只怕無法獲得任何一位的認同。理由很簡單，這樣的課程並未將孩子愛玩的天性納入設計考量，學習內容上孩子們也沒有選擇的主動權。

我們幼兒園除了每個星期二的藝術創作課和星期三的說故事時間，幾乎天天

學習時，若缺少了**自我探索的過程**，
孩子未來可能得費更大的氣力來獲取外在的認同感。

帶著孩子去公園跑跑跳跳。德國人常說：「Es gibt kein schelechtes Wetter, es gibt nur falsche Kleidung!」意思是，只要你衣服穿對就沒有所謂的壞天氣。

戶外自由玩樂能幫助孩子培養建構和創造的能力，大自然裡隨地是玩樂的素材；而充分的遊戲時間，則讓孩子逐步養成主導性的學習能力。

德國幼兒教育中，在這個發展階段「學會怎麼自己玩」是絕對重要的課題。

另一方面，每一學期幼兒園的老師們都會共同討論出一些主題教學的課程，星期二有藝術創作課，星期三是說故事時間，家長們也可以額外自費幫孩子報名兒童瑜伽課和陶土課。

我的經驗裡，德國父母從來不在乎孩子會拼出幾個單字，或是算術能力的程度為何。他們主要的考量是如何滿足孩子的身心健康需求——讓愛動的孩子去跑去跳，讓偏好靜態創作活動的孩子可以盡情揮灑。

可想而知，以孩子意願為最高奉行原則的課程很難制式化。

有時下了兩天的大雨，孩子們無法去外頭玩，隔天若天氣好轉，我們會毫不猶豫的捨棄事先安排的室內教學課程，帶著早已按捺不住的孩子們出外放風去。

除了戶外活動，孩子若不想出去，也可自行選擇留在園所裡玩樂高積木或是黏土等等其他活動。

就像先前所說的，孩子有學習的選擇權，大部分的時候德國幼教老師會尊重孩子的學習意願勝過他們家長的選擇。

每一個德國幼教老師都清楚知道，德國父母最常抱怨的，從來不是小孩玩太多，而是玩不夠！

舉例來說，德國父母非常在意小孩每天有沒有去戶外跑跳發洩精力，因為有些家長工作下班後也實在沒多餘體力再陪孩子去公園玩。所以可能的話，都會希望幼教老師能帶孩子多去外面走走。特別是天氣好的時候，他們認為待在室內一整天，是一件非常折騰孩子的事情。

只是，孩子也會有不想出門的時候。有幾個孩子會想留在園所做勞作，有些喜歡聽故事。德國幼兒老師會在早餐的時候問每個孩子今天想做什麼。萬一孩子這天就是不想出門玩，老師們也不會堅持孩子得依照家長的指示決定當天的學習活動。

德國人認為，人終其一生都必須和大大小小的決定過招。
孩子必須**從小的決定開始練習**，
然後累積經驗，明白每個決定所帶來的結果。

一邊放手讓孩子做決定，大人也必須一邊留意何時該踩煞車

讓孩子從小練習做決定，是因為德國人認為，人終其一生都必須和大大小小的決定過招，每一個曲折都會指引人到不同的方向。學習做決定也是自理能力中的一部分，孩子必須從小的決定開始練習起，然後累積經驗，去明白每個決定所帶來的結果。如果父母或老師一味覺得孩子還小，不需要有決定權，孩子就因此失去練習做決定的機會，不去思考，也就沒有能力為自己做正確的判斷與取捨。

在幼兒園裡，孩子除了可以自主決定每天要參與的活動，其他的學習項目，德國人也給予孩子一定程度的空間，尊重孩子的每個決定。

譬如說，兩歲大的孩子我們會開始問他們要不要試著坐馬桶如廁，有的孩子看到其他大哥哥大姐姐坐馬桶上廁所，也會想試試，有的則非常抗拒的直接說不！德國老師只會不厭其煩每天詢問意願，絕對不會勉強孩子作如廁訓練。

而關於午餐的內容也是一樣，在訂製每個星期的午餐內容時，我們會給孩子兩三個選擇，他們可以從菜單中選出自己偏愛的菜色，從主食到佐料，小到兩歲的孩子也可以自行決定。

大人不能輕忽的一點是，給孩子做決定的練習必須是漸進式的，想當然有些事情的決定對幼兒園年紀的孩子來說仍超出他們能力所及。

曾經看過一位德國爸爸，放手讓孩子做決定幾乎已經到了被牽著鼻子走的地步，孩子鬧脾氣不想坐安全椅所以不想上車，他就一直等到孩子哭完，耗了一個小時，孩子願意上車才上車。也有個德國媽媽因為拗不過孩子不想穿鞋，於是就真的讓孩子赤著腳來上學。

上述的兩個例子，都只說明了大人可以讓孩子練習做決定，但是務必注意決定範圍的掌握權還是在父母手上，一旦幼兒園學齡的孩子做出無理且危險的決定，身為父母一定要堅守原則，讓孩子明白，有些事就是沒得商量。

家長或老師也要避免給孩子過大的選擇範圍，因為這年紀的孩子多半什麼都想玩什麼都想試，卻往往缺乏足夠的判斷力和專注力。

當孩子說不想睡午覺的時候，大人如果回答：「不想睡，那就到旁邊去玩吧！」孩子一聽到可以玩，就開開心心的跑去玩了，但是過半小時你轉身一看，這時所有的玩具都被倒出來玩一輪就扔在地，孩子坐在散落的玩具堆裡表情無聊，而無聊累積到一個程度，孩子就可能開始搗蛋，甚至發脾氣了！

孩子面對太多選項會削減興趣和專注力，而感到無所適從，**提供二至三個選項**，讓孩子從中練習如何做決定。

會有這樣的狀況，是因為孩子面對太多選項會削減興趣和專注力，所以當你給的選擇範圍太廣泛，孩子反而會感到無所適從。但這並不表示大人不該讓孩子自己獨立做選擇，只是需要更有技巧地提供二至三個選項，特別是對於三歲以下的孩子，限縮選擇反而幫助他們練習自控能力。

譬如說孩子不想午睡時，有別於其他時間的自由玩樂方式，午休時間德國老師通常只會提供幾個靜態活動讓孩子選擇，通常是看故事書、拼圖或是剪紙，也會和孩子解釋午睡時間我們之所以必須盡可能壓低音量，是為了不干擾其他孩子的作息。**適時解釋選項背後的緣由，不僅能幫助孩子從中去練習如何決定，家長也能機會教育孩子在不同的時間和地點，選擇的範圍是有其局限性的。**

當孩子學會做好每個生活中的小決定，就可以慢慢放手增加每個決定的重要程度，例如要不要上才藝課、穿的衣物、午餐的內容等等。

由此可見，德國人從孩子很小的時候就開始訓練孩子的主導能力，就算是二到三歲的幼兒，上了幼兒園，也絕非愣頭愣腦的全由老師規畫學習課程。每天這些小腦袋裡都在忙著選擇「今天玩什麼好呢？」。多給予決定的機會，孩子也就能多加練習去思考。藉由活動解釋、詢問意願，讓孩子參與決定的過程，而非讓孩子習慣被動服從大人的所有安排，才能真正強化孩子自發性的學習態度。

孩子和家長，雙向溝通，雙向學習

——關於老師和家長的自我成長

「我每天追著孩子跑
還不夠狼狽？
睡覺都沒時間了
還能想到自我成長？」

vs.

孩子兩歲和十歲時的教養方法不可能不做任何調整，家長如果沒有意識到與孩子同步成長的重要性，彼此間的距離會越拉越遠。

每次聽到家長或老師發牢騷說：「現在的孩子怎麼越來越難教？」我都會想起在台灣的一所雙語幼兒園任職時，一位亦師亦友的校長在開校務會議時突然問我的一句話：「凱特，依妳多年的幼兒教育經驗，妳覺得現在的孩子有比以前難教嗎？」

記得那時我想了想，回答說：「我倒是沒有感到現在的孩子比以前難教，不過我認為他們的確跟十年前的孩子不一樣。他們比較敢發問，給的回應很快也很直接。」

每個孩子都是一面鏡子，
能夠反射出自身看不到的盲點，如果我覺得這孩子老是拖拖拉拉，反之也可能是我個性太躁進，缺乏耐心。

校長微笑看著我說：「很好，這代表妳一直在進步。因為當老師開始覺得孩子越來越難教的時候，就意味著他已經跟不上孩子的腳步，停止進步了。」

這段話一直記在我腦海裡，也陪我走過教學生涯中大大小小的曲折，一旦遇到令人頭痛的教育問題，就會在心中提醒著自己，每一個孩子都是一面鏡子，往往能夠反射出很多自身看不到的盲點，如果我覺得這孩子老是拖拖拉拉，反之也可能是我個性太躁進，缺乏耐心。

在德國工作後，我更是感到茅塞頓開，像是把心中長久堆積下來的思想淤泥逐一清空，腦袋又加滿了新能量，可以呼吸的感覺的確很美好。

當大人停止成長，和孩子的代溝只會越來越大

我們幼兒園每年都會有為期兩天的教育研討課程，所有的教職員在課程中會對不同的議題進行討論和經驗分享。議題涵蓋的範圍頗廣，除了怎麼加強團隊合作、增進親師溝通，還有如何提供一個優質的幼兒教育等等。

其中最令人印象深刻的，是在有一次的師訓中，我們談到幼兒的心理健康，

當場各個分校的老師全都打散分成好幾個小組來進行討論，每個小組討論後要上台說明，到底幼兒園可以提供哪些管道讓孩子表達他們的意見。當下大家七嘴八舌地想了好幾個方法：建立兒童議會、設置投訴板（Beschwerde Wand）讓大一點的孩子可以寫或畫出自己不滿的原因，對於小一點的孩子，則可以用笑臉／哭臉的貼紙或圖卡，讓他們有機會表達自己對某個參與活動的意見……

這些點子相信對大部分的老師都不是第一次聽到，我也不例外。我訝異的是，德國人從幼兒園就開始執行這樣的制度，而且不僅僅是只在信念上推崇，實際上每一個德國幼兒園都努力地在深耕「以兒童為中心」的主旨，不斷找出更好的方法來落實教育理念。

在德國人眼裡，溝通應該是雙向的，如果大人因為教養的責任和義務必須向孩子說「NO!」，那麼反之亦然，孩子也應該能擁有向大人說「NO!」的權利，而義務和權利兩者之間的輕重平衡，正是每一個家長和老師要做的功課。

「拜託現在的孩子可會抱怨的了！我們還要鼓勵他們抱怨不是很有事嗎？」一位在台灣教育領域工作多年的友人翻白了眼這樣反問我。

我說：「是沒錯，會抱怨的孩子當然有，但是我們就容易忽略不抱怨的孩

「我允許你可以表達」和「你本來就有權利表達」

這兩種教養心態不能一概而論。

孩子生來就有權力為自己發聲，不應該被壓抑，更不能剝奪。

子，他們不見得沒有話說，他們可能只是習慣了隱藏自己的聲音。

「『我允許你可以表達』和『你本來就有權利表達』這兩種教養心態是不能一概而論的。不是因為大人允許，孩子才有權力為自己發聲，而是他們生來就有這樣的權利，不應該被壓抑，更不能剝奪。」

我在台灣幼兒園任教時，也曾經參加過大大小小的師訓，印象中針對幼兒園的師訓主題有班級管理、遊戲教學、英語話劇等等，好像從來沒有一次提到過身為幼教工作者要如何引導孩子說出自己的聲音這樣的主題。對過去的我來說，這樣的教育思維似乎只存在學理中，跟實務是搭不上邊的，能把教學成效做得出來才是王道。

沒想到，若干年後的我，卻在德國體認到自己的不足，恍然明白，如果光有一身的教學技巧，卻忘了督促自己在教育視野上與時俱進，讓自己在領域上持續成長，是無法成為一個優秀的教育工作者的。

雙向親子溝通，除了傾聽，更關鍵的是要聽懂

由於老師往往固定帶某一年齡層的孩子，每一年經驗的積累，都可以是日後教學生涯上的養份。

相較之下，家長面對的教養課題顯得繁雜多了，畢竟當父母的經驗值是隨著孩子的年齡慢慢堆疊的，**隨著孩子一天一天的長大，家長所要克服的各種新挑戰也緊跟著來，孩子兩歲和十歲時的教養方法不可能不做任何調整，家長如果沒有意識到與孩子同步成長的重要性，不難想見彼此間的距離會逐漸越拉越遠。**

我認識幾位在課堂上成功激發孩子學習興趣的老師，多半自己對學習新事物也充滿著熱情，他們能夠在教學的同時，從孩子身上獲取新的能量。

換句話說，他們會在知識的給予者和接收者兩種角色間轉換，所以理想的師生關係不能只建立於權威式領導。

同理，我認為一段健康的親子關係也理應如此。父母在積極與孩子溝通之外，最常被忽略的一點，就是沒有好好的照顧自己，甚至因為忙碌而捨棄了對人生的熱情。

「我每天追著孩子跑還不夠狼狽？睡覺都沒時間了還能想到自我成長？」

這樣的回答很常見。的確，當新手爸媽的前幾年並不好過，但是父母自我成

現在孩子搜集資訊的學習能力非常即時，招術使盡的爸媽
可能會陷入「孩子越大越難管教」的挫敗感，
唯有不斷成長的父母，才能有效掌握與孩子溝通時的訣竅。

長這一件事，不是等有空閒時間才去努力，而應該被視為涵括在兒童教養裡的一個重要環節。

有些人當了父母之後，生活重心便嚴重偏倚，操煩孩子所有的大小事，不管是健康、交友、課業、升學，好像自己人生的其他面向，從當爸媽的那一刻就開始停格，不再往前邁進，卻忽略了身為父母，也必須花點時間經營自己的生活，因為一個快樂、不斷成長的父母，往往能更有效地掌握與孩子溝通時的訣竅。

要記得孩子會一天天長大，以前二歲的時候可以說服他的方法，到了六歲可能就不再管用，更何況現在孩子搜集資訊的學習能力非常即時，這時招術使盡的爸媽可能就會陷入「孩子越大越難管教」的挫敗感，許多溝通便在雙方頻率不同下草草收場。

因此，父母在花時間瞭解孩子之餘，自我探索可不能就此止步，重新認識自己在當了爸媽後的心理轉折，絕對有其必要性，**最重要的是，不間斷的學習能幫助父母正確解讀孩子使用的語言，理解彼此溝通過程中的分歧點，進而建立良好的親子溝通模式。**

無論是誰，都無法一直贏下去

——有正面快樂的心，才能是真正的人生勝利組

我們的教育無形中不斷地
讓孩子在不知不覺中學會
彼此比較，相互競爭，只會用
單一標準去衡量所有的人。

vs.

如何讓孩子找到人生歷程裡
屬於自己的定位和熱情，
他們才能持續地汲取內心的快樂
泉源，往正向的目標邁進。

過去這幾年，透過社群網站的普及，不經意的，很多在我人生歷程中慢慢淡出的人又浮現在眼前，這些人可能是過往的同學、同事，或者是上司，偶爾也出於好奇點進個人頁面去看他們的現況，瀏覽著他們的近照，腦中再回想起那記憶裡的當時人物的影像；現今的模樣和過去的記憶兜不起來時，也不禁會猜想在過去幾十年間，他們各自經歷了什麼體驗而被引領至今天的人生。

有一天透過朋友的頁面，注意到一個人的名字，也許是因為她姓氏很特別的關係，我於是很快就想起來這是一位小學的同班同學。小時候的她白白淨淨，長

大人們擅自為所謂的成功替孩子找方向，為快樂下定義，
絲毫不明白「成功必然會帶來快樂」是個似是而非的假設，
因為快樂是一種必須從個人內心養成的能力，
快樂的定義也因人而異。

得非常秀氣，印象中她會交談的同學很少，下課時也不像其他同學會在走廊上嬉鬧奔跑。她總是那樣恬靜地做著自己的事，但班上沒有一個人會忽視她，因為她是班上段考永遠的第一名，老師們欽點的小老師，萬年不敗的模範生。

我想我會記得她，還有另外一個很特別的原因，因為她曾是我和其他國小好友某一次惡作劇的對象。

某次全班到外雙溪出遊，老師很貼心的幫大家拍了很多照片，照片洗出來後貼在教室後面的布告欄上。突然不知道是我們之間誰提議的，趁沒人注意的時候拿出修正液把照片上這位女同學的雙眼塗白；雖然我們平常並沒有故意欺負她，不過在那樣不成熟的年紀，我們誰也沒有阻止誰的就讓這惡作劇發生了。結果她看到自己的照片被惡搞後哭了，這場惡作劇當然馬上就被傳開來，老師怒氣沖沖地質問是誰幹的好事。我們只好舉手自首，向老師認錯，跟女同學道歉。

至於在那麼多同學的照片裡，為什麼偏偏選上她？我想是因為捉弄平常形象乖巧的女同學，似乎比捉弄班上的丑角人物有趣得多，而當時我們四人在班上，是被歸類於成績普通卻非常調皮愛搗蛋的黑五類，她之於我們，彷彿就是光明的天使。也許小時候的我們曾經不自覺地羨慕過她，羨慕她即使行事低調安靜，還是無法讓人不正視她的存在，而我們那時還沒有足夠的能力去消化那樣糾結的情緒，所以才會演變成那一樁惡作劇。

畢業後的頭幾年，有過兩三位熱心的同學陸續辦了幾場人越來越少的同學會，從一位同學口中得知她因為成績優異進了北一女中，後來也出國留學去了。只記得當下幾位同學頓時七嘴八舌的討論起她來，大家都認為這是她必然的人生發展，如同畢業紀念冊大家常寫上的祝福語，從此一帆風順。而我後來在她個人的社群頁面瞥見的近照和生活動態，和小時候的她對比之下也絲毫沒有違和感，一樣是非常秀氣典雅的模樣，看起來生活過得挺愜意滿足。我著實替她開心，但說實話我並不羨慕她過的日子，而我猜想，她應該也不會想要體驗我的人生吧？

人生不能用單一標準衡量，也絕對不該只有單一目標

羨慕。我心裡突然閃過了這個詞。

原來，我們的教育無形中不斷地讓孩子在不知不覺中學會彼此比較，相互競爭，只會用單一標準去衡量所有的人，因此我們常常不由自主的感到渺小，羨慕

人生需要目標，但人生絕對不該只存在一個單一目標。
如何讓孩子找到人生歷程裡屬於自己的**定位和熱情**，
才能持續地汲取內心的快樂泉源，往正向的目標邁進。

那些被老師所承認的課業優異的同學，羨慕別人擁有自己所缺乏的東西。

認真回想起來，學校雖然大都標榜著「因材施教」，但實際上卻是拚命地把每一個孩子都趕往一個窄路上，大聲喧呼著那才是唯一正確的方向，所以孩子們都毫無選擇地想奮力超越別人，在路上能把一個推倒是一個，滿心期盼著攀上峰頂的那一刻，享受勝利的喜悅。

誰都無法否認，勝利所帶來的快樂讓人著迷，但充其量這也是人生之一的快樂形式，並不是所有快樂的總和。倘若孩子們依循大人的期待而只學會認同這種求勝後的快樂，之後在某一天若失去了快樂的能力，也不叫人意外，因為在人生的路上，沒有一個人能一直當個勝利者，人生也不是一場你爭我奪的競賽。

不管我們喜不喜歡，總是會有比我們聰明、反應快、年輕、家世顯赫或善於社交的人，**如果我們的教育一再引領孩子走向一條強調勝利的窄路，他們自然不會懂得如何追求來自內心、不假外求的快樂。**

大人們總是擅自為所謂的成功替孩子找方向，為快樂下定義，卻絲毫不明白「成功必然會帶來快樂」是一個似是而非的假設，因為快樂是一種必須從個人內心養成的能力，快樂的定義也因人而異。

無可否認，人生需要目標，但人生絕對不該只存在一個單一目標。如何讓孩子找到人生歷程裡屬於自己的定位和熱情，讓「羨慕」這字眼在心中不留根蒂的剔除掉，他們才能持續地汲取內心的快樂泉源，往正向的目標邁進，而每個人要走的路既然不盡相同，便無所謂超前或落後。

看清楚自己，才能走對方向，迎向快樂

我在國小到高中的求學階段，歷經了幾波曲折。國中一度被編進資優班，卻因為天性愛玩、無法忍受每天枯燥的密集考試轟炸而自願退班，成績不上不下的進了校風甚嚴的私立高中，叛逆的我於是開始有吃不完的苦頭。

我記得那時每天強迫留晚自習到八點，學校預計將高中三年的課程花兩年提前唸完，高三那一年才有時間衝刺考大學。硬著頭皮撐了一整年每天都睡不飽的日子，終於忍無可忍在某一天的向爸媽表示我不想唸高中了。

「我實在無法理解在這樣的教育下能學到什麼有用的東西？」我生氣地接著丟了一句話：「如果我不讀高中了你們覺得怎麼樣？」

盲目地以他人為目標，無法為孩子帶來心靈的滿足與快樂，
孩子不能做自己便不可能快樂得起來，
而不快樂的人，又何來勝利可言？

爸爸沉思了一會，沒有苛責我，只平靜的說：「**我尊重妳的決定，妳當然可以選擇不要唸高中，但想好自己要做什麼了嗎？不升學，妳就會比較快樂嗎？**」

爸爸的反問瞬間讓我跌入長長的思緒中，原來我壓根連自己的喜好都不清楚，怎麼可能會對未來有任何具體的想法？爸爸的話像是一個契機，逼迫著自己去思考，我瞭解到自己不是不愛唸書，只是厭惡僵化的制式學習，我當下便決定要轉學，因為明白留在那樣蠻橫的教育制度下的自己會有多不快樂。

轉學進入新學校就讀後，我試圖抓出自己學習的步驟，不愛的科目就完全捨棄不唸，非常幸運的遇到很支持我的老師，在苦讀了一年後考上自己的理想科系，而過程中，我的父母和老師從來不曾干涉我的任何決定。

從現在看來，十六歲的我所一度面臨的難題，是一種自我價值不被承認的彷徨與無助。台灣的教育體制中最大的矛盾點在於，孩子們往往被要求找到自己之前，就得先把「成功的某人」當作模範來仿效，因為那是他們唯一能獲得認同的方式，就好像不跟著大家朝同一個方走，在群體裡就完全失去了存在感，就會被流放至毫無希望的蠻荒之地。

而在德國的教育理念裡，這卻是本末倒置的做法，因為盲目的以他人為目標，無法為孩子帶來心靈的滿足與快樂，孩子不能做自己便不可能快樂得起來，而不快樂的人，又何來勝利可言？

我想，三十幾歲的我聽到以前同學的成就不再覺得欣羨，是因為已經明白所謂的幸福可以有很多種樣貌，並打從心底滿足於自己眼前的生活。我固然為他們成功達陣的人生目標感到喜悅，但我更清楚明白，只要能夠具體實踐專屬於自己的理想生活，保持一顆正面快樂的心，人人都可以是人生勝利組。

只要能夠具體實踐專屬於自己的理想生活，

保持一顆正面快樂的心，

人人都可以是人生勝利組。

和孩子的每日「單獨約會」時光

——暫時放下瑣事，全心全意的陪伴孩子，親子關係大躍進

爸媽每天花時間帶著孩子去公園玩，自己卻不發一語只坐在一旁的長椅上滑手機回覆公事。

vs.

每天在孩子睡覺前都會訂一小時的親子時間，既然決定了這是和孩子兩人的專屬時間，就會努力謝絕外務的干擾。

總是這樣，人到家了腦袋還留在辦公室裡轉個不停，忙完公事還有家事等著做，好不容易坐下來吃晚飯時，一邊看著電子郵件，或是盯著手機回覆LINE的訊息，接著幫孩子洗澡、盯功課，讓孩子小玩一下後，哄他上床睡覺，過程中還得記得拿出聯絡本簽名，好像每分每秒都得按表操課，不然事情永遠都做不完。

因為事情太多而導致親子時間被壓縮，是許多現代父母普遍地面臨的一個問題，特別是雙薪家庭或單親家庭，這種被一堆事情追著跑的感受可能特別強烈，心裡固然也想多陪陪孩子，也希望能有優質的親子共處時間，現實情況下卻根本

很難做到，只能週末或休假日帶全家出去走走。

然而，此刻在我腦中閃過的幾個小時候和爸媽相處的畫面，其實卻不見得和假日出遊的行程聯結，反倒是幾個固定且日常的活動會勾起我的回憶，而這些回憶都充滿了生活裡簡單的快樂。

記得那時哥哥姐姐都升上國小高年級，而小一的我只需上半天課，所以下午時間偶爾會跟著媽媽去美容院做臉，或是去書局翻翻書，兩人手牽手去菜市場買菜，再一起走著長長的路回家。**小時候的我非常享受「獨占」媽媽的寶貴時光，心裡有滿溢的幸福感。**爸爸即便忙於工作，下了班之後，再累也會花時間跟我們聊聊天，帶著我們去運動場打籃球，或是全家一起動手洗車；當時我們絲毫不覺得洗車是件累人的苦差事，只感到很好玩很有趣，因為全家人在一起。

德國父母這樣想

堅持工作家庭平衡，陪孩子的時間不能被打擾

身為父母，心裡想給予孩子的東西往往很多，除了愛，也總是希望提供孩子好的教育環境和物質生活，但是很多時候這些想法下做的決定，卻在無形中犧牲

陪孩子聊天、散步，看似微不足道的生活點滴，
他們在心裡會接收到「**我是重要的**」的訊息，
這是孩子建立安全感的穩定來源。

了自己真正珍視的親子關係，常常忽略了孩子最需要的只是陪伴，只要爸媽能夠心無旁騖的跟著孩子一起聊天、一起散步，這些看似微不足道的生活點滴，會一天一天慢慢累積成孩子心中的幸福堡壘，他們在心裡會接收到「我是重要的」的訊息，這是孩子建立安全感的穩定來源。

「工作之外，剩下的時間根本少得可憐，當然要加倍利用！」我想有些爸媽會在心裡這麼想。這話乍聽之下似乎沒錯，但是實際上對增進親子關係來說，卻可能是在做白工。如果爸媽每天花時間帶著孩子去公園玩，自己卻不發一語只坐在一旁的長椅上滑手機回覆公事，這樣幾乎等於**零互動的陪伴模式，就算時間再長，也很容易讓孩子感到自己被忽略**。因此，如果實在不能在跟孩子相處時間上的「量」取勝，至少要確定有優質的親子共處時光。

我所認為的優質的親子時間，「專心」和「輕鬆」是兩大絕對要素。試試看，每天設定一個小時，把手機調靜音、電視關掉，全心陪孩子一起看看書、畫畫塗鴉、做運動或玩樂高積木都可以，陪孩子做些他們喜歡的事情，盡可能避免在陪孩子的同時，也在處理其他的瑣事，才不會讓相處的品質打折扣。

德國人對在家庭和工作之間取得平衡相當堅持。我認識一位德國媽媽，每天也是工作雜務纏身，忙得不可開交，但是她說每天在孩子睡覺前都會訂一小時的親子時間，陪一歲多的兒子聽音樂跳舞，然後洗完澡後再幫孩子全身按摩（Baby Massage）幫助他放鬆入眠。她覺得既然決定了這是和孩子兩人的專屬時間，就會努力謝絕外務的干擾。

其實仔細想想，以一年五十二個週末計算，孩子一出生到上國中的週末一共六百多個，如果再扣除已經過去的週末，其實父母真正能陪伴孩子的時間並沒有想像中的多，因為等孩子慢慢大了之後，會開始有自己的朋友和生活圈，這時的**親子時間只會逐漸遞減，爸媽只要能在每天將親子活動時間排進心裡的行事曆，不要只是等到週末，善用每天的零碎時間，積累起來，絕對能幫助親子關係加溫。**

單獨約會模式，讓孩子的心快樂得跳起舞

在台灣的幼兒園任教時，有一個班級我從幼幼班開始一連帶了好幾年，對這個班上的孩子都非常疼愛。那時其中有四個孩子因為想要進入市區有名的私立小

德國人對在家庭和工作之間取得平衡相當堅持。
既然決定了這是和孩子兩人的專屬時間，
就會努力謝絕外務的干擾。

學就讀，必須在中班時轉校，心裡非常捨不得，我於是想在孩子在幼兒園的最後一天幫他們創造一個特別的回憶。

在告訴孩子我的想法前，我事先知會孩子們的家長，表示想利用我個人兩小時的午休時間，單獨帶孩子到附近的餐廳用午餐，來一場午餐約會。因為多年來跟家長已建立良好的信任基礎，家長們都非常贊成這個提議。我於是分兩次進行，一次只帶上兩個孩子，帶著孩子到附近的餐廳用餐，讓他們選擇自己喜歡的餐點，開心的聊天度過一個美好的下午。

有了家長們的外出許可後，我告訴四歲的孩子們要單獨帶他們出去午餐約會的計畫，他們全都興奮得不得了，眼裡頓時閃著光芒，其中兩位小女生在那天還穿了質感出眾的小洋裝盛裝赴約，連在過馬路的時候，腳步都好像是在開心地跳著舞。

就像當天和我一起午餐約會孩子的心情一般，每個孩子都喜歡一種私人獨享的寵愛模式。特別是對有兄弟姊妹或是身為雙胞胎的孩子來說，跟爸媽相處的時間常一再被瓜分掉。如果家中剛好有新生兒，幼兒園學齡的孩子會對自己是否受到爸媽同等的關愛變得敏感，甚至可能覺得自己不被重視而想出方法來引起爸媽的注意力。這時，爸媽不妨多花一點心思，安排「單獨約會」來巧妙化解孩子的關愛被剝奪感。

所謂的「單獨約會」，是建議爸媽們除了每日固定的親子時間，可以各自陪孩子一起規畫出喜歡的活動。因為除了天生性情和興趣的差別，不同年紀的孩子喜歡的東西也天差地遠，如果每次都一起行動，難免有孩子是被迫將就的一方，**「單獨約會」讓爸媽有機會好好聽家裡每個孩子的聲音，並瞭解到他們的不同心理需求，手足之間偶爾難免的爭寵心態也能獲得緩和。**

舉例來說，爸爸可以每個星期二陪五歲的哥哥去練習騎腳踏車，媽媽則待在家和妹妹一起烤餅乾，然後改天四人兩組再互相對調各別討論出喜歡的活動。這樣單獨一對一的相處模式，不僅孩子喜歡，對大人來說也比一打二來得輕鬆，還能營造格外輕鬆愉快親子約會時光。

每個孩子都喜歡**私人獨享的寵愛模式**。
爸媽不妨多花一點心思，
安排「單獨約會」來巧妙化解孩子的關愛被剝奪感。

野人家 161

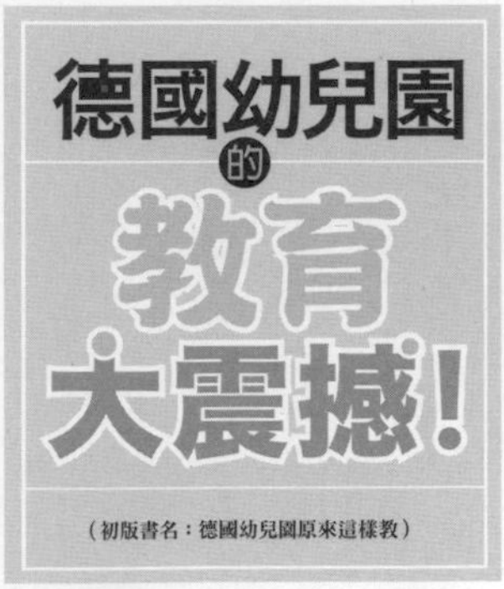
德國幼兒園
的
教育
大震撼！
（初版書名：德國幼兒園原來這樣教）

作　　者　莊琳君

野人文化股份有限公司
社　　長　張瑩瑩
總 編 輯　蔡麗真
責任編輯　蔡麗真、陳韻竹
專業校對　黃怡瑗
封面設計　周家瑤
內頁排版　洪素貞
行銷企劃經理　林麗紅
行銷企劃　蔡逸萱、李映柔

讀書共和國出版集團
社　　長　郭重興
發行人兼出版總監　曾大福
業務平臺總經理　李雪麗
業務平臺副總經理　李復民
實體通路組　林詩富、陳志峰、郭文弘、吳眉姍
網路暨海外通路組　張鑫峰、林裴瑤、王文賓、范光杰
特販通路組　陳綺瑩、郭文龍
電子商務組　黃詩芸、李冠穎、林雅卿、高崇哲
專案企劃組　蔡孟庭、盤惟心、張釋云
閱讀社群組　黃志堅、羅文浩、盧煒婷
版 權 部　黃知涵
印 務 部　江域平、黃禮賢、林文義、李孟儒
出　　版　野人文化股份有限公司
發　　行　遠足文化事業股份有限公司
地址：231 新北市新店區民權路 108-2 號 9 樓
電話：（02）2218-1417　傳真：（02）8667-1065
電子信箱：service@bookrep.com.tw
網址：www.bookrep.com.tw
郵撥帳號：19504465 遠足文化事業股份有限公司
客服專線：0800-221-029
法律顧問　華洋法律事務所　蘇文生律師
印　　製　博客斯彩藝有限公司
初版首刷　2017 年 02 月
二版首刷　2022 年 02 月

ISBN 978-986-384-668-0（平裝）
ISBN 978-986-384-670-3（EPUB）
ISBN 978-986-384-669-7（PDF）

國家圖書館出版品預行編目（CIP）資料

德國幼兒園的教育大震撼！/ 莊琳君作 . -- 二版 . -- 新北市 : 野人文化股份有限公司出版 : 遠足文化事業股份有限公司發行 , 2022.02
面；　公分 . -- (野人家 ; 161)
ISBN 978-986-384-668-0(平裝)

1.CST: 學前教育 2.CST: 德國

523.2943　　110021589

野人文化
官方網頁

野人文化
讀者回函

德國幼兒園的
教育大震撼！

線上讀者回函專用 QR CODE，你的寶貴意見，將是我們進步的最大動力。

野人文化
讀者回函卡

書 名

姓 名 □女 □男 年齡

地 址

電 話 手機

Email

□同意 □不同意 收到野人文化新書電子報

學 歷 □國中(含以下) □高中職 □大專 □研究所以上
職 業 □生產/製造 □金融/商業 □傳播/廣告 □軍警/公務員
□教育/文化 □旅遊/運輸 □醫療/保健 □仲介/服務
□學生 □自由/家管 □其他

◆你從何處知道此書？
□書店：名稱 ______ □網路：名稱 ______
□量販店：名稱 ______ □其他 ______

◆你以何種方式購買本書？
□誠品書店 □誠品網路書店 □金石堂書店 □金石堂網路書店
□博客來網路書店 □其他 ______

◆你的閱讀習慣：
□親子教養 □文學 □翻譯小說 □日文小說 □華文小說 □藝術設計
□人文社科 □自然科學 □商業理財 □宗教哲學 □心理勵志
□休閒生活（旅遊、瘦身、美容、園藝等） □手工藝／DIY □飲食／食譜
□健康養生 □兩性 □圖文書／漫畫 □其他 ______

◆你對本書的評價：（請填代號，1. 非常滿意 2. 滿意 3. 尚可 4. 待改進）
書名 ____ 封面設計 ____ 版面編排 ____ 印刷 ____ 內容 ____
整體評價 ____

◆你對本書的建議：

野人文化部落格 http://yeren.pixnet.net/blog
野人文化粉絲專頁 http://www.facebook.com/yerenpublish

廣　告　回　函
板橋郵政管理局登記證
板 橋 廣 字 第 143 號

郵資已付　免貼郵票

23141
新北市新店區民權路108-2號9樓
野人文化股份有限公司 收

請沿線撕下對折寄回

野人

書號：0NFL4161